U0478995

丝路物语书系

李炳武

大足石刻

平民世界的宗教、生活与艺术

米德昉　李红霞　张子荷　余尧玉竹　著

西安出版社

图书在版编目（CIP）数据

平民世界的宗教、生活与艺术：大足石刻 / 米德昉等著. -- 西安：西安出版社, 2024. 7. -- (丝路物语).

ISBN 978-7-5541-6440-2

Ⅰ. K879.274

中国国家版本馆CIP数据核字第202406Y7S6号

平民世界的宗教、生活与艺术

大足石刻

PINGMIN SHIJIE DE ZONGJIAO、SHENGHUO YU YISHU

DAZU SHIKE

米德昉　李红霞　张子荷　余尧玉竹　著

出 版 人：屈炳耀
出版统筹：贺勇华
策　　划：张正原
责任编辑：邵鹏飞
特约编辑：张丽卉
责任印制：尹　苗
出版发行：西安出版社
社　　址：西安市曲江新区
　　　　　雁南五路1868号影视演艺大厦11层
电　　话：（029）85253740
邮政编码：710061

印　　刷：成都市金雅迪彩色印刷有限公司
开　　本：787mm × 1092mm　1/16
印　　张：15.5
字　　数：159千
版　　次：2024年7月第1版
印　　次：2024年12月第1次印刷
书　　号：ISBN 978-7-5541-6440-2
定　　价：78.00元

序一

阅读文物 拥抱文明

郑欣淼

文物所折射出的恒久魅力，已为越来越多的人所认识。今天呈现在读者面前的这部“丝路物语”书系，就是这一魅力的具体体现。

“让收藏在博物馆里的文物、陈列在广阔大地上的遗产、书写在古籍里的文字都活起来。”（习近平语）党的十八大以来，习近平总书记担负着实现中华民族伟大复兴的历史重任，饱含着对传统文化的深厚感情，让文物活起来始终为其所关注、所思考。让文物活起来，就是深入挖掘文物的内涵，充分发挥文物的作用。中国文物是中华民族的文明印记和精神标识，是全体中国人乃至全人类的珍贵财富；它对于激发人民群众对中华优秀传统文化的了解、认同和热爱，坚定文化自信，汇聚发展力量等作用是不言而喻的。

近年来，一些优秀的文物类书籍、综艺节目、纪录片、文化创意产品等不断涌现，文化遗产元素成为国家外交的桥梁，文物逐渐成为“网红”并受到越来越多年轻人的青睐，这些都充分彰显着“让文物活起来”已逐渐从理念转化为行动，那些在历史长河中积淀下来的文物珍存正在不断走近百姓、融入时代、面向世界。

说到文物，不能不把眼光聚焦于丝绸之路。人类社会交往的渴望推动了世界文明间的相互交融和渗透，中华文明与亚、欧、非三大洲的古代文明很早就发生接触，相互影响，相互交流。直到 1877 年，德国地理学家李希霍芬在他的著作《中国——我的旅行成果》里首次提出了“丝绸之路”的概念。近半个世纪以来，随着丝绸之路考古发现和学术研究的不断深入，极大地开阔了人们的视野。特别是“一带一路”倡议的全面推进，丝绸之路研究更成为国际显学。在古代文明交流史上，丝绸之路无疑是极其璀璨的一笔。它承载着千年古史，编织着四方文明。也正因为丝绸之路无与伦比的历史积淀，形成了独特的历史文化遗产，其数量之大、等级之高、类型之丰富、序列之完整、影响之深远，都是世所公认的。神秘悠远的古代城址、波澜壮阔的长城关隘烽燧遗址、精美绝伦的艺术品、气势磅礴的帝王陵墓、灿若星辰的宫观寺庙、瑰丽壮美的石窟寺……数不清道不尽的文物珍宝，足以使任何参观者流连忘返，叹为观止。2014 年，“丝绸之路：长安—天山廊道的路网”成功跻身《世界文化遗产名录》，使丝绸之路迎来了新的历史机遇，也对广大文化文物工作者提出了新的要求。

“让文物说话，把历史智慧告诉人们。”这是习近平总书记的谆谆嘱托。中华文化优雅如斯，如何让文物说话，飞入寻常百姓家，是当下无数文化界人士亟待攻坚的课题，亦是他们光荣的使命。客观来讲，丝绸之路方面的论著硕果累累，但从一般读者角度，特别是从当下文化与旅游结合角度着眼的作品不多，十分需要一套全面系统地介绍丝绸之路文物故事的读物。

令人欣喜的是，西安出版社组织策划了这套颇具规模的“丝路物语”书系，并由李炳武先生担任主编，弥补了这一缺憾。李炳武先生曾经长期在文物文化领域工作，也主持过“中华国宝·陕西珍贵文物集成”“长安学丛书”和《陕西文物旅游博览》等大型文物类图书的编纂工作，得到了业界的充分肯定；加之丛书的作者都是有专业素养的学者，从而保证了书稿的质量。

如何驾驭丝绸之路这样一个纵贯远古到当今、横贯地中海到华夏大地的话题，对于所有编写者来说，都是具有挑战性的。这套书的优点或者说特点，可以概括为以下几个方面：

这套书最大的一个优点，就是大而全。从宏观的视野，用简明的线条，对陆上丝绸之路的博物馆、大遗址进行了全景式梳理，精心遴选主要文物，这些国宝的历史、艺术和科学价值在字里行间一一呈现。

丝绸之路文化遗产类型丰富，作者在文中并没有局限于文物本身的解读，还根据文物的特点做了大量的知识拓展，包括服饰的流变，宗教的传播，马匹的驯化，葡萄等水果的东传，纸张的发明和不断改进，医学的发展，乐器、绘画、雕刻、建筑、织物、陶瓷等视觉艺术的交互影响，等等。其中既有交往的结果，也有战争的推动。总体而言，这些内容是讲述丝绸之路时所不可或缺的内容，使读者透过文物认识了丝绸之路丰富的文化内涵。

值得称道的是，这套书采取探索与普及相结合的方式，图文并茂，力求避免学究气的艰涩笔调，加入故事性、趣味性，使文字更具可读性，达到雅俗共赏的目的。通过图书这一载体，能够使读者静静地品味和欣赏这些文物，传达出对历史的沉思和感悟，完善自己对文物、丝绸之路和文化的认知。读过这套书后，相信读者都会开卷有益，收获多多，文物在我们眼中也将会是另一番面貌。

我们有幸正处于坚持以人民为中心的改革发展伟大时代，每一件文物，都维系着民族的精神，让文物活起来，定会深入人心、蔚为大观。此次李炳武先生请我写序，初颇踌躇，披卷读来，犹如一场旅行，神游历史时空之浩渺无垠，遐思华夏文化之博大精深。兼善天下，感物化人历来是每一个中国知识分子的精神所属，若序言能为一部作品锦上添花，得而为普及民众的文物保护意识起到促进作用，何乐而不为？

是为序。

·郑欣淼·

中国文化部原副部长、故宫博物院原院长、中华诗词学会会长、著名历史文化学者。

序二

李炳武

丝路物语话沧桑

2013年9月，中国国家主席习近平访问哈萨克斯坦时，在纳扎尔巴耶夫大学发表演讲，首次提出共同构建“丝绸之路经济带”的宏伟倡议。2014年6月，“丝绸之路：长安—天山廊道的路网”成功跻身《世界文化遗产名录》。

丝绸之路是世界上路线最长、影响最大的文化线路。丝绸之路是指起始于古代中国的政治、经济、文化中心—古都长安（今西安）连接亚洲、非洲和欧洲的古代陆上商业贸易路线。它跨越陇山山脉，穿过河西走廊，通过玉门关和阳关，抵达新疆，沿绿洲和帕米尔高原通过中亚、西亚和北非，最终抵达非洲和欧洲，向南延伸到印度次大陆。这条伟大的道路沟通了中国、印度、希腊三大文明，全长一万多千米。它是一条东方与西方之间经济、政治、文化进行交流的主要道路，促进了欧亚大陆不同国家、不同文明之间在商贸、宗教、文化以及民族等方面的交流与融合，为人类社会的共同发展和繁荣做出了卓越贡献。

公元前138年，使者张骞受汉武帝派遣从长安出发，出使月氏。13年中，他的足迹踏遍天山南北和中亚、西亚各地。在随后的2000多年间，无数商贾、旅人沿着张骞的足迹，穿越驼铃叮当的沙漠、炊烟袅袅的草原、飞沙走石的戈壁，来往于各国之间，带来了印度、阿拉伯、波斯和欧洲的玻璃、红酒、马匹，宗教、科技和艺术，带走了中国的丝绸、漆器、瓷器和四大发明，举世闻名的丝绸之路渐渐形成。

用“丝绸之路”来形容古代中国与西方的文明交流，最早出自德国著名地理学家李希霍芬 1877 年所著的《中国——我的旅行成果》一书。由于这个命名贴切写实而又富有诗意，很快得到学术界的认可，并风靡世界。

近年来，丝绸之路迎来了新的历史机遇，沿丝绸之路寻访探秘的人络绎不绝。发展丝路经济，研究丝路文明，观赏丝路文物成了新时代的社会热潮，“丝路物语”书系便应运而生。在本书和读者见面之际，作为长安学研究者、“丝路物语”书系的主编，就该书的选题范围、研究对象、编写特色及意义赘述于下：

“丝路物语”书系，以“丝绸之路：长安—天山廊道的路网”遗产及相关博物馆为选题范围。该遗产项目的线路跨度近 5000 千米，沿线包括了中心城镇遗迹、商贸城市、聚落遗迹、交通遗迹、宗教遗迹和关联遗迹五类代表性遗迹以及沿途丰富的特色地理环境。丝路沿线遗迹或壮观巍峨，或鬼斧神工，或华丽精美，见证了欧亚大陆在公元前 2 世纪至公元 16 世纪之间人类文明进步的重要阶段，以及在这段时间内多元文化并存的鲜明特色。

“丝路物语”书系，每册聚焦古丝绸之路上的一座博物馆、一处古遗址或一座石窟寺，力求立体全面地展示丝绸之路上的历史遗存、人文故事和风土人情。这是一套丝绸之路旅游观光的文化指南，从中可观赏到汉代桑蚕基地的鎏金铜蚕，饱览敦煌石窟飞天的婀娜多姿，聆听丝路古道上的声声驼铃。古丝绸之路是人类文明的宝贵遗产，记录着社会的沧桑巨变，这是一部启封丝路文明的记忆之书。

“丝路物语”书系，以阐释文物为重点。文物是中华民族的精神标识。“让收藏在博物馆里的文物、陈列在广阔大地上的遗产、书写在古籍里的文字都活起来。”这对于激发人民群众对中华优秀传统文化的了解、认同和热爱，坚定文化自信，汇聚发展力量不可小觑，这是一部积淀文化自信的启智之作。

2000 多年前，我们的先辈筚路蓝缕，穿越草原沙漠，开辟出联通亚欧非的陆上丝绸之路。这不仅是一条通商易货之道，更是一条文化交流之路。沿着古丝绸之路，中国将丝绸、瓷器、漆器、铁器传到西方，也为中国带来了胡椒、亚麻、香料、葡萄、石榴。沿着古丝绸之路，佛教、伊斯兰教及阿拉伯的天文、历法、医药传入中国，中国的四大发明、养蚕技术也由此传向世界。更为重要的是，商品和文化交流带来了观念创新。比如，佛教源自印度，却在中国发扬光大，在东南亚得到传承。儒家文化起源于中国，却受到欧洲莱布尼茨、伏尔泰等思想家的推崇。这是交流的魅力，互鉴的成果。这些各国不同的异质文化，犹如新鲜血液注入华夏文化肌体，使脉搏跳动更为雄健有力。古丝绸之路绵亘万里，延续千年，积淀了以和平合作、开放包容、互学互鉴、互利共赢为核心的丝路精神。

新时代、新丝路、新长安。2017 年，习近平主席在“‘一带一路’国际合作高峰论坛”上指出：古丝绸之路是人类文明的宝贵遗产。为让这些遗产、文物鲜活起来，西安出版社策划出版的“丝路物语”书系，承载着别样的期许与厚望，旨在以丝绸之路的隽永品格对话当代社会的文化建构，以高度的文化自觉唤醒当代社会的文化自信。

我们作为丝绸之路起点长安的文化工作者，更应该饱含对传统文化的深厚感情，自觉担负起实现中华民族伟大复兴的历史重任，充分运用长安学的最新研究成果，为保护、研究和传承人类文明的宝贵遗产尽心尽力，助推“一带一路”伟大事业的蓬勃发展。

精品力作是出版社的立身之本，亦是文化工作者的社会担当。“丝路物语”书系的出版，凝聚着众多写作和编辑人员的思考与汗水。借此，特别感谢郑欣淼部长的热情赐序；感谢策划人、西安出版社社长屈炳耀先生的睿智选题与热情相邀；感谢相关遗址、博物馆领导的支持和富有专业素养的学者和摄影人员的精心创作；更要感谢西安出版社副总编辑李宗保和编辑张正原认真负责、卓有成效的工作。

“丝路物语”书系的出版虽为刍荛之议、管窥之见，但西安出版社聆听时代声音、承担时代使命以及致力于激活文化遗产、传播中国声音的决心定将引领其走向更远的未来。

是为序。

·李炳武·

陕西省文物局原副局长、陕西省文史馆原馆长、“长安学”创始人、陕西师范大学国际长安学研究院首任院长、三秦文化研究会会长、长安学研究中心主任、著名历史文化学者。

水月观音像（局部）

大足石刻

宝顶山石窟

目录

开篇词

两千年前，佛教传入中国，在中华文化的熔炉中不断被提炼、锻造，同时，作为佛教艺术中重要表现形式的石窟艺术也在中华大地上生根开花，大足石刻就是这一艺术形式的代表之作。

大足石刻的独特魅力，不仅在于为中国石窟艺术史增添了浓墨重彩的一笔，还在于身处唐宋社会变革与文化转型的背景下，融合了儒的仁爱、释的慈悲与道的无为，以其独特的内容与形式，创造了世界石窟艺术史中具有中国特色、中国风格、中国气派的经典案例。

唐风宋韵

大足石刻艺术概述

大足石刻始镌于初唐，历经唐末、五代，至两宋臻于鼎盛，余续延至明清，论艺术成就，与敦煌伯仲，和云冈、龙门鼎足。

大足区位于四川盆地东缘，在行政划分上隶属于今天的重庆市。这里以跌宕起伏的低山为主，平地很少，是典型的丘陵地貌。滔滔的嘉陵江、涪江、沱江等支流，宛若蛟龙一般从西北方向奔涌而至，于此汇入长江。

大足立县始于公元 8 世纪中叶的唐肃宗时期。当时四川东部一带因山川阔远，疏于管辖，谏官李鼎祚上书建议新设州县。此建议被肃宗采纳，遂于乾元元年（758）割泸、普、渝、合、资、荣六州部分地界置“昌州”，下设大足、昌元、永川、静南四县，治昌元。大历六年（771）狂贼张朝等作乱，昌州遂废，大历十年（775）又复置。光启元年（885），州治自昌元徙至大足，之后历五代、两宋，大足一直是川东地区重要的政治经济与

大足石刻地理位置示意图

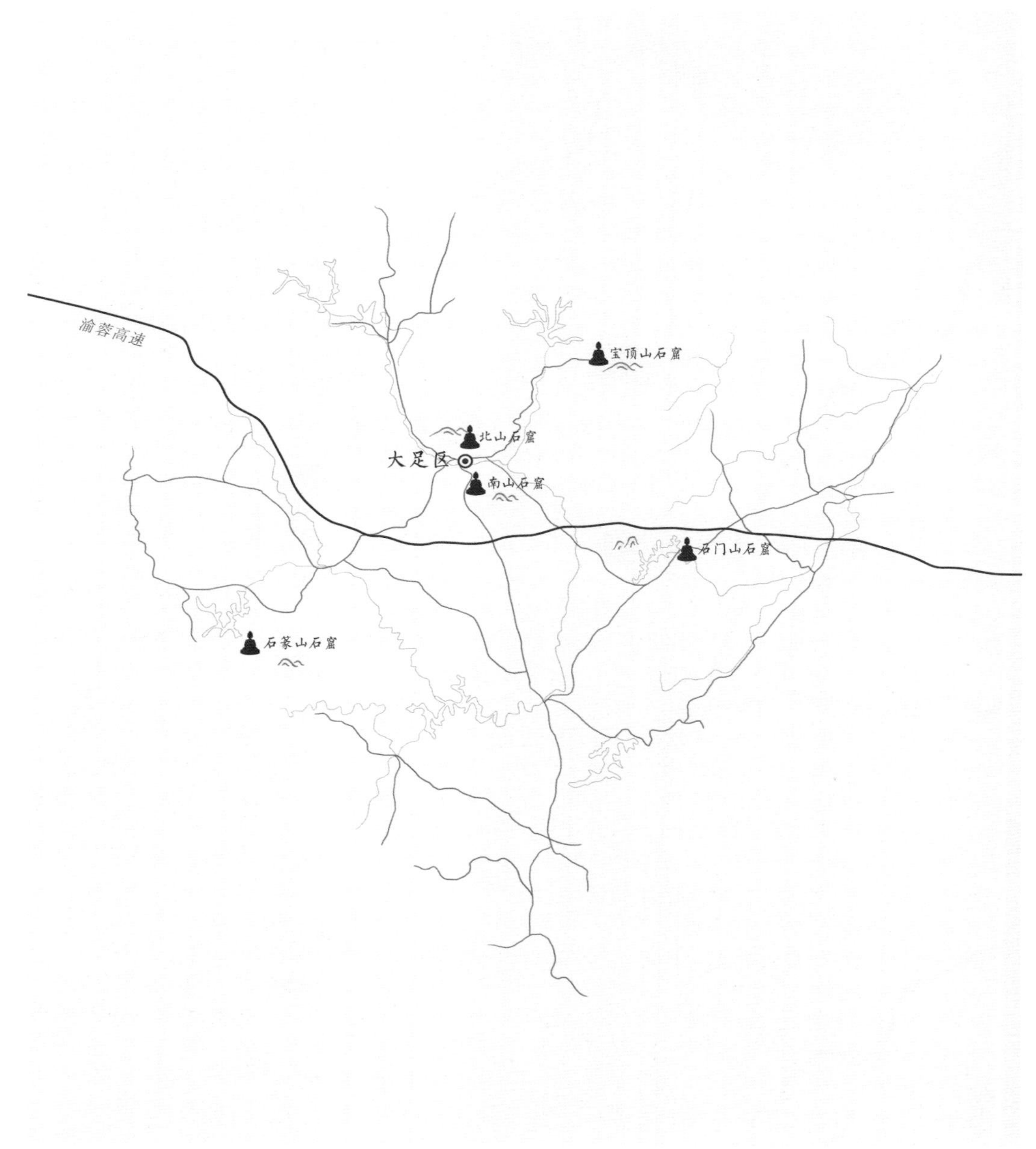

大足石刻分布示意图

文化中心之一。

大足一名取之于境内的“大足川”，今人将其内涵再度丰满，赋予“大丰大足”之寓意。大足历史上盛产海棠，且香味独具，古有“棠城”“海棠香国”之美称。县志中言“系我棠城，水深土沃，左巴右蜀，青峦四绕”。

在整个历史长河中，大足最抢眼的莫过于其在宗教文化与艺术方面取得的瞩目成就。此即被誉为 9—13 世纪中国石窟艺术中的巅峰之作，也是最后的丰碑与绝唱——大足石刻。

大足石刻始镌于初唐，历经唐末、五代，至两宋臻于鼎盛，余续延至明清，论艺术成就，与敦煌伯仲，和云冈、龙门鼎足。尤其宋代石窟造像，在内容题材、艺术造诣和规模数量等方面，堪称是中国晚期石窟艺术之大观。

大足石刻几乎分布于大足区全境，现公布为各级文物保护单位的多达 75 处，其中以北山、宝顶山、石篆山、石门山、南山石窟规模最大，保存最好，成就最高。1999 年以此“五山”为代表的大足石刻被联合国教科文组织列入《世界遗产名录》。

大足石刻现存最早的造像为尖山子石窟。尖山子石窟位于大足城区以西 24 公里处的铁山镇，开凿于一独立巨形岩石上。这里是一处小型的佛教石窟寺，先后开龛 9 个，其中第 7 号龛左龛沿处遗存有一则“永徽□年八月十一日”题记。“永徽”是唐高宗李治的年号，共沿用六年（650—655）。这是目前大足石刻中发现的最早纪年，学界遂以此为大足石刻之始。

大足尖山子石窟

尽管发端于初唐，但在此后的二百余年间，大足境内仅营建圣水寺与法华寺两处小型窟寺。开崖镌像活动还处于一片沉寂，尚未全面兴起。殆至晚唐，这种局面才被打破。

唐末：大足石刻的兴起

唐僖宗即位不久，黄巢义军席卷天下，中原顿时陷入一片刀光剑影之中。受此影响，蜀中“四海波腾，三川鼎沸”。《资治通鉴》载“东川群盗多据州县”。当时有叫韦君靖者，“合置义兵，招安户口”，组建起一支地方武装力量据守昌州。之后因多次响应朝廷号召，在平定东川之乱中屡建战功，被擢升为昌州刺史，“充昌、普、渝、合四州都指挥”。唐景福元年（892），韦君靖在大足县城北龙岗山营建“永昌寨”以储粮屯兵。之后又舍俸禄于寨西开崖镌像，是为北山石窟之肇始。此后，当地官绅、僧尼、百姓等竞相效仿，于北山广营龛像，大足石刻由此兴起。

唐末之时，整个巴蜀地区石窟造像活动逐步走向衰落，唯川东以大足和安岳为主的地区不仅未见颓势，反而日渐活跃。

北山石窟距大足城北约1公里处，以佛湾石窟为中心，周边有营盘坡、佛耳岩、观音坡三处小型石窟及多宝塔。佛湾石窟开凿于长约300米、高7～10米，形如眉月的一段崖壁上。自从韦君靖首开龛像以来，北山的镌造活动持续不断，直至南宋绍兴年间，共延续了250余年。现有大小窟龛共编290个号，其中唐宋时期窟龛209个，宛若蜂房一样密布于崖壁间。

北山佛湾南端毗沙门天王及相邻的释迦龛和千手观音龛，由韦君靖招募匠人所镌，是唐末时期北山规模最大的三座龛像。其间短短15年时间，北山造像有10余龛，题材涉及圣观音、如意轮观音、地藏、欢喜王菩萨、三世佛、千手观音、观经变等。

除了韦氏造像外，这一时期较有代表性的作品是第245龛“观无量寿经变”。作为复杂的经变，当以绘画去呈现。在此，艺匠不避繁缛，将佛陀说法、菩萨云集、天宫楼阁、飞天伎乐、莲池鸟雀、童子嬉戏、十六观想等细节内容一一雕出，形象化地呈现了西方净土世界之盛景，形式内容

罗汉像 井北山石窟第 36 龛（局部）

之繁丽绝不亚于敦煌石窟中的壁画。

由是见之，大足石刻在唐末兴起之时，便以其惊艳的风姿出现在世人面前，令人无不慨叹。蜀人苏东坡自豪地宣称：“唯我蜀人颇存古法，观其像设犹有典型。”

五代：大足石刻的发展

五代时期，四川尽管分前蜀（907—925）、后唐（925—934）、后蜀（934—965）三个历史阶段，但政局之变未给社会带来巨大冲击，经济、

三佛 石篆山石窟第7龛（局部）

文化仍然保持了长期的繁荣。

其间巴蜀地区的石窟营造活动大面积萎缩，唯独安岳与大足二县持续着旺盛的活力。在大足，北山石窟寺凭借得天独厚的地理位置和旺盛的香火，日渐成为昌州宗教文化中心。远近信众纷纷云集于此，为祈祷己身命运和家国安危，不断用大大小小的龛像充塞、拓展着崖壁有限的空间。

较之唐末，五代时期龛形规模较小，大多高在 1.5 米左右。造像风格基本延续了唐末传统，变化不是很大。在内容题材上，除了千手观音、地藏、释迦等仍有续镌外，新型题材大量涌现，诸如十六罗汉、药师经变、陀罗尼经幢、观音与地藏，以及十王组合、解冤结菩萨、炽盛光佛等。其中诸多题材在内容上具有一定的地方化特色，如药师与地藏、经幢等组合为一龛的情况，其他地方十分少见。

这一时期除了北山外，大足境内其他地方尚未兴起造像。

两宋：大足石刻的兴盛

宋代定鼎中原以后，对宗教采取制度性的扶植政策，在全国范围而言虽然开窟造像活动大幅度减少，但西南川东一带却呈日益升温趋势。其间大足的造像活动由北山向境内其他区域逐渐辐射开。至南宋绍兴年间，凡有村落处几乎无不开崖立寺，不仅数量远超之前任何时期，而且在后期出现像宝顶山这样规模空前的综合型佛教道场。

大足境内目前发现宋代早期有确切纪年的造像非摩崖石刻，而是一批圆雕像。1986 年在大钟寺遗址出土整理的 51 件石刻残像或构件中，最早的一件雕刻于咸平三年（1000）。又于高坪镇石壁寺石窟发现一件圆雕天王残像，上有“大中祥符六年（1013）”题记。北宋开国一个世纪内，大足境内造像仅见于此两处寺院遗址雕刻，尚未见实质上的摩崖像。

北宋元丰五年至绍圣三年（1082—1096），庄园主严逊“以钱五十万购所居之乡胜地”营建了石篆山石窟寺，在巴蜀地区不仅开创了民间私人独资营建整座石窟寺的先例，同时也开创了一窟（寺）之内三教合祀、众神共祠的“大杂烩”格局。

从大观元年直至北宋灭亡的这20年间，大足境内的造像活动更多集中于北山。这一阶段北山确定的造像有大悲观音、十圣观音、五百罗汉、孔雀明王、弥勒下生变、泗州大圣等。其中大多是洞窟或深龛，规模超出唐五代绝大多数作例。

南宋时期，是大足历史上石窟营造活动的巅峰时期，主要分布在中部、西北、西南、东部几个片区。梳理这一时期的造像活动，可分为两个阶段：第一阶段，绍兴至乾道间（1131—1173）。本阶段除了佛教造像仍然居于主流外，随着民众信仰的多元化发展，道教造像普遍流行，在分布上或与佛、儒同处一地，或独立营构，局面可谓异彩纷呈。第二阶段，淳熙至淳祐间（1174—1252）。随着柳本尊佛教在本土的兴起，之前遍地开花式的石窟攻镌场面大幅度萎缩，唯宝顶山一枝独秀，如火如荼地开展着规模空前的营建工程，持续数十年。

宝顶山石窟寺是一座由木构寺院、摩崖石刻以及石塔建筑等构成的综合性佛教寺院。南宋时期由僧人赵智凤为“传授柳本尊法旨”，经统一规划而创建。在宋代三百年间修建的石窟寺中，没有一处在规模上堪与宝顶山比肩。一位明代人士游历宝顶后慨叹：“西至五台，东及普陀，以为天下名山莫有俪者，至历斯境，崖迹迥异，又不在二山之下，佳哉！佳哉！”然而，因南宋末元军攻略四川，宝顶山未及完工而被迫停止。至此，宋代在大足境内的造像活动画上句号。

猫鼠图 宝顶山石窟第 3 龛（局部）

锁六耗图 宝顶山石窟第 19 龛（局部）

明清：大足石刻的衰落

南宋端平年间，蒙古军进攻四川，蜀地“五十四州俱陷破，独夔州一路及泸、果、合数州仅存”。淳祐七年（1247），时任大足县令何光震在南山为知州王梦应饯行，后将此事记于石壁，其中描述了当时昌州的境况，“狄难以来，官吏民多不免焉。加以师旅，因以饥馑，存者转徙，仕者退缩……环千里荆榛矣”。

元代，王室贵族佞佛，对宗教采取兼容并蓄的政策。但是整个元代可以说是巴蜀石窟史上的一个断层，像大足、安岳、合川等地是宋代开窟最为兴盛的地区，宋亡后一个世纪很少有镌窟活动。造成这一局面的主要原因是宋蒙战争使四川人口急剧下降，城池废弃，民不聊生。由于人口数量过少，元初时只得将诸多州县相合并。如至元十七年“并昌州及所领永川、昌元、大足入合州”。可以想象，人口的大量消亡，地方基层原有的村镇聚落、社会族群、行业组织等系统遭到破坏，导致宗教所依赖的经济基础与信仰群体丧失，自然没有力量甚至热情再去营窟造像了。元代学者虞集慨叹：“宋亡蜀残，民无孑遗，鬼神之祀消歇。”

元季遭逢兵燹及政变之影响，大足境内不再有石窟造作。明清时有所复苏，但造像气质与格调已远不及前代。

综上而言，大足石刻自初唐发端，历经晚唐兴起，五代发展，两宋兴盛，明清衰落几个历史阶段。先后形成两大佛教圣地或造像中心：9—12 世纪的北山石窟寺；12—13 世纪的宝顶山石窟寺。唐宋期间，在信仰层面发生三次变迁：11 世纪前的佛教独兴期；11—12 世纪的三教并盛期；12 世纪末至 13 世纪中叶的柳教信仰期。

大足石刻植根于历史悠久的巴蜀文化沃土，在吸收、融合前期石窟艺术精华的基础上，推陈出新，极工穷变，开拓了石窟艺术的新天地。以鲜明的民族化、世俗化、生活化特色，成为具有中国风格的石窟艺术的典范。展示了唐末至宋中国民间宗教信仰和石窟艺术的发展变化，与敦煌、云冈、龙门等石窟一起构成了一部完整的中国石窟艺术史。

（米德昉）

北山石窟长廊

北山石窟

北山，亦名龙岗山，坐落于大足城区北约一公里处。晚唐时期昌州（治大足）刺史韦君靖在此建永昌寨，并舍俸禄于寨西崖壁镌造佛像，是为北山石窟寺之发端。此后，历经晚唐、五代、两宋陆续镌刻，形成了以佛湾长廊为中心，周边环绕营盘坡、佛耳岩、观音坡、多宝塔等多处造像点的大型石窟群。

北山石窟以大量姿态各异、造型优美的观音像著称，被誉为中国观音造像的陈列馆。

护国神王

孔武有力的毗沙门天

忆昔胡兵围未解，感得此神天上下。
至今云旗图我形，为君一顾烟尘清。
——（唐）皎然《周长史昉画毗沙门天王歌》

毗沙门天王，又名多闻天王或北方天王，是佛教四大天王中守护北方的天王，统领诸夜叉、罗刹鬼族，在古印度神话中是个施福护财的善神。毗沙门天王除了与其他三大天王成组出现外，常常被独立供奉，故在四大天王中地位、人气最高。

巴蜀石窟中独立的毗沙门天王像比较流行，遍布于诸多石窟寺，造作时间主要集中在唐五代时期。大足石刻中独立供奉的毗沙门像仅见于北山石窟，共有 3 龛，开凿于唐末至五代时期，其

毗沙门天王及其眷属 北山石窟第 5 龛

中以佛湾第 5 龛规模最大。

北山佛湾第 5 龛为平顶龛，高 2.95 米，宽 2.50 米，深 1.45 米，龛内雕刻主尊毗沙门天王及其眷属。据《陀罗尼集经》描述，毗沙门天王形象为“身着种种天衣严饰，极令精妙；左手执稍拄地，右手屈肘，擎于佛塔”。

这尊毗沙门像高约 2.50 米，头戴四方冠，身着两裆式甲胄，肩罩虎头披膊，肘套护臂，胸挂圆护，腰束环带，脚蹬长筒战靴；左手托塔（已毁），右手执戟（已毁），腰部平挂一牛角形小刀；足下踏坚牢地神及二夜叉，地神居中，戴冠，左右为二夜叉，皆露小半身，用手奋力托举起天王脚，面相似受重压而变形，形象生动。据载，地神向佛陀立下誓言，无论何时何方，只要有法师升高座讲经说法，他“即以神力隐蔽身体，在高座之下顶戴其足”。此身天王像身材魁梧，方面大耳，剑眉竖挑，双目圆睁，目光如炬，虽双手已残失，亦神采不减，庄重威武的风度，俨然是一位驰骋疆场的唐代将军。

天王身后紧随两员神将。左将头戴幞头，高颧骨，深眼窝，双眉紧蹙，眼似铜铃浑圆，阔嘴大鼻，长髯飘垂，左手举狼牙棒，右手横置胸前，咄咄逼人，势不可挡。右将蓬发竖立，目怒口张，上身赤裸，额顶骷髅，颈饰项圈，佩挂三骷髅头，手执宝剑，大声呼吼，仿佛能听到如雷的咆哮，给人一种强烈的威慑力。大家细心观察会发现，二神将还加刻了头光以示神性。

左壁三像保存完好，高处为一男侍，表情文静，头戴羽冠，身披外氅，双手于胸前捧盏，身上衣纹的线条简洁流畅，极为生动。中间为一妇人像，

毗沙门天王 北山石窟第5龛（局部）

头束高髻，身着圆领宽袖襦裙，胸饰璎珞，左手托钵，右手下垂，风姿绰约，温婉娴静。造像所注入的感情和技巧，给人的印象就是真实的生命体，是唐代雕刻家追求以形写神最高境界的反映。下方刻一胡人献宝。胡人头扎束发带，戴耳钉、项圈、足环，赤足袒腹，双手捧坛，笑容可掬。

右壁坍塌后补修，部分造像残毁。中间为一少年，身着戎装，双手交于腹间相抚，下柱物(毁)，立于祥云上。此像应为毗沙门天王第三太子哪吒。在不空所译《北方毗沙门仪轨》中，佛曾对毗沙门天王说："教汝若领天兵守界拥护国土，何护吾法。即拥遣第三子哪吒捧行莫离其侧。"哪吒太子的职能主要是惩办恶人，为世人保平安，尤其是谋杀国王、大臣及百官之叛逆者，哪吒均要"以金刚打其头"或"刺其心、眼"加以严惩。因此，各处在凿毗沙门天王时，总会将哪吒置立其旁。

毗沙门天王信仰随佛教东传后，被西域于阗国（今新疆和田）尊为护国天神，且于阗国王还自称是其后代。据《大唐西域记》载，古时候于阗国这个地方荒芜人烟，只有毗沙门天王在此居住。于阗国建国之王在此修筑都城，建国安人，虽功绩已成，但年迈无子，担心断了宗嗣，就到毗沙门天王庙祈祷请嗣。此时天王额上剖出一男婴，国王抱着天赐的孩子回到宫中，地面忽然隆起，状如其乳，神童就去吮吸，这样靠着大地的乳汁孩子长大成人。他的勇敢和智慧超过前人。于阗王因毗沙门天王而得以"传国君临，不失其绪"。于是，毗沙门天成为于阗的主要守护神，有着崇高的地位。

毗沙门天王经西域传到中原汉地后，在唐代密宗大士不空的竭力弘传下，毗沙门天王信仰逐渐深入人心。不空所译的《毗沙门护法仪轨》讲述了有关毗沙门天王信仰缘起的一则故事。唐天宝元年（742），安西城被大食、康居等五国围困，守兵上表请求救援，但路途遥远，救兵一时难以到达。情急之下，唐玄宗即让不空和尚到宫中作法，请毗沙门天王派神兵救援。于是天空中天王金身出现，光明普照，所率神兵着金甲，击鼓声震三百里，地动山崩，同时有“金老鼠”咬断敌军弓弦，五国军队大惧，溃败而逃。安西表奏，天有灵异，唐玄宗大悦，令诸道州府于城楼西北隅置毗沙门天王像供养。一时毗沙门天王神威大震，被奉为战神。

晚唐之际，川东割据势力众多，战患不息。892 年，昌州刺史韦君靖在北山修筑永昌寨，并于寨内西北开崖造立毗沙门天王像，借威神之力，以期护佑一方平安。此举与毗沙门天王守护北方的职能有关，也与唐玄宗“诏天下军垒皆立毗沙门天王祠”，护佑军事胜利的故事有关。正是在这样的政治与宗教氛围下，韦君靖拉开了北山石刻造像的序幕。在他的推动下，当地官绅、士庶、僧尼等相继凿造，掀起了大足石刻史上第一次造像高潮。自此之后，斧凿声声，不绝于耳，留下了令人叹为观止的大足石刻佛教造像艺术。穷尽造化之力的石刻造像，代表了公元 9—13 世纪世界石窟艺术的最高水平。在大足石刻之后，世界上再没有开凿出一处像大足石刻这样规模宏大又具有如此影响力的大型石窟。大足石刻也因此成为了世界石窟艺术史上最后的一座丰碑。

（李红霞）

天女法相

隐身消灾的摩利支天

身相乃作黄金色，颜如童子挂青衣；
顶戴宝塔或端坐，手执无忧花树枝；
或执莲华或八臂，前后围绕乃群猪；
或执弓箭金刚杵，钩索等物示灵仪；
或复正面金光聚，或如满月或颦眉；
现以三面面三目，种种威容各对治。
——（宋）行霆《重编诸天传·摩利支天传》

摩利支天，又称摩利支天菩萨、摩利支天女等，被认为是日光的神格化，能够消灾、除障、增福、满愿等。其信仰源于古印度，后为佛教所吸收。常见的图像材料中，摩利支天在外形特征上一般是三头八臂、座下有金猪的天女形象。

北山石窟第 130 龛开凿于宋代，龛内所镌为摩利支天像，立姿，左右壁分别配置金刚力士像四身。天女三面八臂，直立于由二象牵引的战车之上，威风凛凛，气势浩荡。天女正面面部圆长，口微张，神貌威严；左右两面位于耳后，较小，闭口。天女头戴花蔓冠，璎珞严身，衣带飞扬，上着宽博披巾，下着两层裙，腰带系结，垂直于足间。身饰之华丽，超过相

摩利支天像 北山石窟第130龛

左壁金刚力士像 北山石窟第 130 龛（局部）

右壁金刚力士像 北山石窟第 130 龛（局部）

摩利支天像 北山石窟第130龛（局部）

邻其他龛内的菩萨装饰。头顶处刻一座三层佛塔，光带从塔身飘出。

八只手臂或结印、或执各类兵器。左上手屈肘托一火焰法轮，对应右手执一柄剑；中间左手持弓，右手执箭；下方左手斜持人面盾牌，右手持戟；胸前二手于腰腹间结印。脚下莲台置于方形战车车厢中部位置，车厢正面刻有方台，方台上有三足兽面香炉，车厢前端刻有拉车前行的大象（常见的是猪）。

两壁布置八位金刚力士，分上下两层布局，手中各持武器，肌肉暴突，怒目圆睁，尽显勇猛凶悍之势。力士或三头六臂、或一面四臂，手中武器各不相同，有剑、鞭、骷髅杖、盾、刀、斧、杵、矛、戟、索、棒、镜等。此龛造像为研究宋代兵器提供了很好的图像资料。

龛内主尊及胁侍大将皆"荷枪实弹"状，呈现出一派英武飞扬的战神风姿，仿佛即将奔赴沙场。这尊像出现在北山石窟，或许与宋辽金时期南北征战、动荡不安的时局有关，为了祈祷国泰民安，能隐身、避灾祸、解兵难的摩利支天信仰遂顺势而起。

摩利支天信仰在南北朝时期已传入中国，南朝时著名画家陆探微、张僧繇等画过"摩利支天菩萨像"。唐宋时期摩利支天像广泛流传，如唐开成四年（839）日本僧人圆行从中国携回"摩利支天菩萨像一躯"；敦煌莫高窟、瓜州榆林窟以及藏经洞出土的纸画中，均遗存有唐宋时期摩利支天像；另有大足北山宋代石窟、黑水城出土西夏唐卡、南宋张胜温《大理国梵像卷》等作例。

有关摩利支天形像的汉文典籍有阿地瞿多译《陀罗尼集经》，不空译《佛说摩利支天经》《末利支提婆华鬘经》《摄无碍经》，天息灾译《佛说大摩里支菩萨经》，法贤译《佛说瑜伽大教王经》，等等。其中对摩利支天形象的描述比较多样，共同的一点是“似天女形”，其余如“或立或坐”、六臂或八臂、骑乘野猪或坐于七野猪拖车上等。《佛说大摩里支菩萨经》这样描述：“于月轮中乘猪车而立，身作金色六臂殊妙；三面各三眼，一面作猪相；顶戴宝塔，着黑衣及青天衣；右手持金刚杵，有大光明及箭针；左手持弓线及无忧树枝。”此描述中，摩利支天手中握着各类兵器，威武非常。不过“三面各三眼，一面作猪相”的特征在北山摩利支天的造像上并未得到体现。

摩利支天与猪的关联可能来源自印度婆罗门教女神伐拉希（Varahi）。伐拉希是印度教中七位女神组成的圣母神集团之一，常见形象是猪脸，八臂，手执各种武器。佛教或许正是吸收了这一信仰来源，发展出摩利支天。

摩利支天信仰对中国道教以及文学作品曾产生过深远影响。道教斗姆神的源起或与摩利支天有关。根据《太上玄灵斗姆大圣元君本命延生心经》描述，斗姆“尊居北极”是“众生之主宰”，能“捍患御灾，斡旋造化”。至于出身，此经中将斗姆附于佛家，说是来自西天竺国，名“摩利支天大圣圆明斗姥天尊”。后期斗姆的形象逐渐向摩利支天的外观靠拢，呈现出三头八臂的特征。元杂剧《西游记》里面收录了众多来自佛教经典的故事，其中第十三出“妖猪幻惑”讲的是收服猪八戒的故事。猪八戒一上场就自报家门“某乃摩利支天部下御车将军”，很明显是由佛教摩利支天座下野猪的形象而来。

中国本土文化中认为猪是北斗化身，北斗崇拜又衍生出斗姆信仰，那么与猪密不可分的摩利支天自然也就找到了进入道家神系的桥梁。小说人物猪八戒摩利支天部下御车将军的身份，恰好说明这一观念的大众性，因而才在文学作品中凸显其不消散于时间流转的生命力。而斗姆三头八臂的形象则是中国本土文化与印度佛教元素完美结合的实证，体现出中国文化强大的包容力。其实，无论摩利支天还是斗姆，都是先民根据实际信仰需求对神灵进行改造的过程。正如北山佛湾这尊摩利支天，锋利的武器仿佛闪着寒光，映出战乱纷飞下一个个苦难却又虔诚的身影。

（余尧玉竹）

十六妙观

静观妙想的净土世界

向西日没处，遥瞻大悲颜。目净四海水，身光紫金山。
勤念必往生，是故称极乐。珠网珍宝树，天花散香阁。
图画了在眼，愿托彼道场。以此功德海，冥祐为舟梁。
八十一劫罪，如风扫轻霜。庶观无量寿，长愿玉毫光。
——（唐）李白《金银泥画西方净土变相赞》

佛教所宣扬的“净土世界”中最著名的是由阿弥陀佛（又称无量寿佛）住持的西方净土，又称作“极乐世界”。这个世界的人们无忧无虑，永远处于幸福欢乐之中。根据净土经的描述，净土信仰十分简便，信徒只需要日念阿弥陀佛的名号，临终时便可往生西方极乐世界。正是这种极为简便的修行方式，赢得了广大信众的青睐，阿弥陀佛由此而成为中国社会中百姓最喜闻乐见的佛陀，以致出现“家家阿弥陀，户户观世音”的信仰盛况。

佛教美术中有大量描绘西方净土世界的经变画或雕刻，主要见于敦煌和巴蜀地区石窟寺中，其中前者画于壁面，后者镌于摩崖，一绘一刻，皆

观无量寿经变 北山石窟第245龛

尽其妙。西方净土变一般分为“阿弥陀经变”和“观无量寿经变”两类，二者所依文本分别为《阿弥陀经》和《观无量寿佛经》。表现形式上最明显的区别是后者多了“十六观”和“未生怨”两部分内容。

唐代以来，巴蜀地区石窟寺营造进入兴盛期，其中西方净土成为最流行的题材之一，各地石窟寺中出现大量雕刻繁丽、精美绝伦的净土变，成为本土石窟艺术的一大特色。

大足北山第245龛表现的是一铺完整的西方净土变，根据《观无量寿佛经》雕刻而成，故称为“观无量寿经变”（简称“观经变”）。整铺画面呈一长方形，内容由三部分构成：中间为大型的佛说法场面，下方是“未生怨”故事，左右竖幅为“十六观”。整龛造像采用的是对称规整的“中堂式”构图，使得画面人物杂而不乱，主次分明。

龛正中为“西方三圣”，主尊无量寿佛结跏趺坐于莲台上，头布螺髻，面容饱满，身着通肩袈裟，双手于胸前结转法轮印。身后饰圆形背光，内有七个小圆光，表示“彼佛圆光，如百亿三千大千世界，于圆光中，有百万亿那由他恒河沙化佛”。佛顶放出四道毫光经由宝盖横贯龛顶，毫光悠长飘逸，轻盈灵动，以示佛光普照，光明永恒。主尊左侧侍坐观音，右侧侍坐大势至。观音头戴化佛宝冠，手持柳枝和钵；大势至头戴宝瓶冠，手持莲花。二菩萨面容和悦，气质高华，以东方式的面相呈现在世人面前，端庄娴雅，庄严慈悲。三圣身后，七宝树枝繁叶茂，飞天撒下漫天花雨，周围菩萨、圣众次第拥坐，静听佛语，场面庄严殊胜。

三圣上方，大宝楼阁富丽堂皇，经幢巍峨屹立，亭台廊榭错落有致。左右壁建宝池，池水碧波荡漾，池中龙舟飞渡，舟旁莲花盛开，有的大如车轮，有的娇艳欲滴，池边有天人围观，场面热闹非凡。白鹤、孔雀、鹦鹉、共命鸟、迦陵频伽等，或翩翩起舞于林间，或展翅翱翔于云端。净土世界的宫殿、楼宇、树木、池水，皆为金、银、砗磲、琉璃、琥珀、玛瑙、珊瑚七宝庄严而成。众天人在亭台楼阁内或走、或坐，或闻法、或嬉戏，无不随心所欲。“空中”祥云朵朵，缭绕成环，笛、笙、筝、琵琶、箜篌、腰鼓等诸般乐器悬于虚空，不鼓自鸣，妙音萦萦，一派歌舞升平的极乐景象。

三圣像下方，刻有两层镂花曲栏，在下层曲栏中间的城台上，有一组小型说法图，主尊佛结跏趺坐于莲台上，佛头顶发出两道毫光飘于头顶的华盖之上，佛有桃形火焰纹背光，背光后刻有两株宝树，表现“光明宝林演说妙法”的场景，佛陀左右两侧侍立二菩萨及二力士，力士身后还站有一群佛弟子。左右城梯口有无数的天人，或坐，或站，皆双手合十虔诚闻法，画面庄严静穆。城台中间刻有一拱桥，桥上的菩萨，低头仿佛在观鱼，神态闲适。两层曲栏间，各有一平台，每台上坐有八名伎乐，怀抱乐器，身子微微前倾专注演奏，吹、拉、弹、拨，自得其乐，表现出净土世界无忧无虑的安逸生活。在伎乐背后与上层曲栏之间，刻有七宝池，池中充满八功德水，有化生童子从七宝池中生出，在栏杆上攀爬、嬉戏，天真无邪，活泼可爱，给庄严的净土平添了几分生气。

西方三圣 北山石窟第245龛（局部）

龛底部，以连环画形式在十五个方框内刻出“未生怨”故事。故事大意说，古印度王舍城，有一太子，名阿阇世，因受恶友教唆，篡夺王位，将父王频婆娑罗软禁起来。王后韦提希为救国王，用炒面涂身，以璎珞盛琼浆，密潜王处，国王食面饮浆。太子得知，持利剑欲杀其母，经大臣劝阻，遂又将其母幽闭于深宫。韦提希夫人被囚禁后，向佛祈祷，释迦佛先派佛弟子目犍连和阿难前来探视，随即亲驾祥云入深宫。韦提希见佛，摘掉身上的璎珞等饰物，举身投地，号哭着对佛祷告：“我前世有什么罪孽，生下了这个不孝之子？”佛为其讲述前世因缘，原来是国王夫妇年轻时为

观无量寿经变 北山石窟第 245 龛（局部）

求子而杀生，造下恶孽，故遭恶报。随后并为其宣讲了脱离苦海，投身西方净土的“十六观”法。

“十六观”内容布置在中心画面两侧，分别以左右八个小方框呈现出来。所谓“十六观”，就是专心致志，心集一处，观想西方净土十六种奇妙景观的修行之方法。分别是：日观、水观、地观、树观、池观、总观、花坐观、佛像观、阿弥佗佛观、观世音观、大势至观、普观、丈六金身观、上品观、中品观、下品观。每幅单元画面均以韦提希夫人为主体，在她的对面刻出日、树、菩萨等观想的对象。

佛教向人们虚构了一个无限美好的极乐世界，并且生动地展示了一个通往天国的简便方法。佛经说，往生极乐国当修行三种福业：“一是孝养父母，奉事师长，善心不杀，修十善业；二是受持三皈，具足众戒，不犯威仪；三是发菩提心，读诵大乘，勸进行者。”根据每个人修行功德深浅和果报厚薄，一般设置有九个等次，称作“九品往生”，即“上品上生”“上品中生”“上品下生”“中品上生”“中品中生”“中品下生”“下品上生”“下品中生”“下品下生”。每一品往生的方式、快慢是不一样的。如：最殊胜是“上品上生”，临命终时，阿弥陀佛前来接引，如弹指间，往生净土的七宝池中，莲花即开。最低的是“下品下生”，十恶不赦的罪人，本应因作恶多端而堕入恶道，但临命终时，只要一心专念“南无阿弥陀佛”不绝，也能往生西方净土，只是无人接引，乘莲花往生七宝池中，满十二大劫，莲花才开放。

北山“观经变”绚丽多彩、富丽堂皇，是一幅由中国式楼台池阁构成的西方净土图景。窟内造像层次序列清楚，主次分明，结构布局精当严整，

阿弥陀佛观 北山石窟第 245 龛（局部）

大势至观 北山石窟第 245 龛（局部）

表现手法复杂多样，雕琢技艺运用全面。人物多达 560 多身，最大者为无量寿佛，最小者为主佛头上方光圈中所坐小佛，虽不足 2 厘米，但衣纹清晰，须眉可辩。各种器物 400 余件，为研究唐代乐器、建筑、服饰、舞蹈等提供了重要的图像史料。这种根植于中国传统民族审美取向和雕刻技艺基础上的伟大艺术品，是晚唐时期雕塑史上的经典之作。

（李红霞）

法住世间

梵相圣颜十六尊者

身如枯柴，心如断崖。
万般神变，一种平怀。
面面相看，究竟不知论底事。
阿耨达池龙王，来日请佛斋。

——（宋）释师范《十六罗汉赞》

罗汉，是阿罗汉的简称，指断尽三界见思之惑，证得尽智，堪受世间大供养的圣者。一般作狭义之解释，特指小乘佛教中所得之最高果位者而言。罗汉作为释迦牟尼的传法弟子，奉释迦之命，不入涅槃，常驻世间弘扬佛法，度济众生。罗汉信仰发端于古印度，盛行却是在中国。

在中国佛教中，罗汉一般有十六、十八、五百等组合。这些组合中以十六罗汉最为常见，民间多有雕塑、绘画作品传世。关于十六罗汉较早的记载是北凉道泰等译的《入大乘论》，经中言："尊者宾头卢、尊者罗睺罗，如是等十六人诸大声闻，散在诸渚……守护佛法。"随后，西晋竺法护译《弥勒下生经》和东晋人译《舍利弗问经》说，佛涅槃时指派大迦叶比丘、君

十六罗汉 北山石窟第 36 龛（局部）

屠钵叹比丘、宾头卢比丘、罗云比丘“住世不涅槃，流通我法”。不过这些记载均未列出全部十六位罗汉的尊号。至唐代，玄奘法师译出《大阿罗汉难提密多罗所说法住记》（简称《法住记》），经文详载十六罗汉的名字，其中记：“第一尊者名宾度罗跋啰惰阇，第二尊者名迦诺迦伐蹉，第三尊者名迦诺迦跋厘堕阇，第四尊者名苏频陀，第五尊者名诺距罗，第六尊者名跋陀罗，第七尊者名迦理迦，第八尊者名伐阇罗弗多罗，第九尊者名戍博迦，第十尊者名半托迦，第十一尊者名啰怙罗，第十二尊者名那伽犀那，第十三尊者名因揭陀，第十四尊者名伐那婆斯，第十五尊者名阿氏多，第十六尊者名注荼半托迦，如是十六大阿罗汉。”伴随这部经典的传播，中

晚唐时十六罗汉信仰及图像逐渐盛行。

大足北山佛湾南段的第 36 龛，是一座横长形龛，高 1.39 米，宽 8.14 米，龛内雕十六罗汉像。类似的还有佛湾第 220 号龛十六罗汉。两龛造像均完成于五代时期，与杭州烟霞洞五代吴越国时期所造的十八罗汉像基本同期，是目前国内所见最早的十六罗汉作品，为世所珍。

十六罗汉 北山石窟第 36 龛（局部）

第36龛正中为释迦佛，结跏趺坐于金刚宝座之上，体态丰隆，面庞饱满，双目微垂，表情庄重慈祥；身着双领下垂式袈裟，宽松适度，左手捧钵，右手扶膝。精美的火焰背光，象征佛身光明普照。主尊左右各 8 尊罗汉（右侧最外一身罗汉像毁），皆身着各式袈裟，结跏趺坐于岩台上，或施印，或持拂尘、数珠等法器，每个罗汉的座下摆有净水瓶、鞋、靴等物，充满凡间烟火气息。这十六身罗汉造像，神态各异，雕刻得既庄严又活泼，已经渐次改变了六朝隋唐以来犍陀罗式的雕刻风格，高鼻深目的面容也减少了很多。这是五代时期中国雕刻的一个重要转折点，逐渐脱离外来影响，而建立了我们民族艺术的独立风格。

第 36 龛雕十六罗汉与释迦佛图像组合，表述十六罗汉继释迦之后护持并传承佛法，救济众生。据《法住记》载："佛薄伽梵般涅槃时，以无上法付嘱十六大阿罗汉并眷属等，令其护持使不灭没，及敕其身与诸施主作真福田，令彼施者得大果报。"他们不入涅槃，不但能以"神通之力自延寿量"，而且还能令施主得大福报，完全是上求佛果，下化众生的菩萨。随着《法住记》的推广，十六罗汉信仰也深入人心。自 8 世纪中期至 9 世纪中期的一百年间，大唐帝国先后经历了安史之乱、吐蕃入侵和会昌灭佛运动，时局动乱与变迁使原本强大的唐王朝开始迅速衰落，社会矛盾日益突出，百姓生活愈加困苦。武帝的废佛运动造成寺院毁废，僧尼还俗，经籍散失，给繁荣的佛教带来沉重的打击。在这种撕裂与毁灭的厄运中，"末法思想"再度唤起信众的危机感。他们首先想到的是肩负护法使命，又能给予众生以安乐的十六罗汉，自然而然对他们有了强烈的依赖和期盼。唐末五代的十六罗汉与释迦佛图像配置正是这种思想的体现。

罗汉不但具有能带给人们福佑的神性，他们也具有普通凡人的性格特征。《法宛珠林》记载，昔日有位名叫树提伽的长者，造了一个金贵的旃檀钵，放在网兜里挂在高处，说谁不用梯子和杆子取下就给谁。宾头卢很动心，就说服目莲去取，目莲怕惹事，没去。宾头卢便自己“逐身飞空，得钵已还去”。释迦听说了，呵责不应为外道钵而于未受戒人面前现神通。这是尘世凡人的性情。在第36龛中，罗汉也尚有生活情趣。如：主尊右侧的第三尊罗汉像，身着通肩圆领袈裟，衣纹简洁流畅，疏密有致，极富韵味；悠闲地坐在岩座上，右手于胸前握持念珠，左手手心向上平放于膝上，右腿平曲，左腿下垂。最有趣的是，罗汉的左足穿着一只夹趾拖鞋，具有凡间烟火气息。该罗汉虽头部残缺，但仍不减其自在之姿。其传神的姿态，蕴含着极富人情味的隽永禅意，当我们面对造像，生出敬意之余，也有亲切随和的感觉。无独有偶，北山第220龛也是一铺镌于五代时期的十六罗汉像，尽管多有风化，但罗汉像布局与第36龛如出一辙。

罗汉这种“蔽形圣形，同常凡众”“为施主作真福田，令施主得大果报”的神祇，五代以来广受信众青睐，不仅有十六罗汉信仰的流行，十八罗汉也随之出现。十八罗汉的兴起并无经典依据，是在十六罗汉的基础上发展而来，但具体补入哪两位尊者，说法不一。到了两宋，随着罗汉信仰的发展，多姿多彩的十八、五百罗汉也应运而生。现存的十六罗汉信仰虽始于古印度，但当地鲜有相关的绘画或雕塑遗存，因此可以说，罗汉艺术很大程度上是中国佛教本土化的产物。

（李红霞）

救世济民

药师地藏的救度空间

地万理兮天一极，往无由兮来不得。
解脱愿兮慈悲力，五色绣兮黄金饰。
澄氛昏兮圆相开，湛水月兮莲花台。
慈眼眷兮犷心回，死别离兮生归来。
海为田兮劫为灰，身念念兮无穷哉。
——（唐）吕温《药师如来绣像赞》

大足北山佛湾东段的第279龛和第281龛位置相邻，均为三层方形龛，大小一致，风格相同，完成时间为后蜀广政十七年（954）、十八年（955）。龛内造像内容为药师携眷属与经幢、地藏、十方佛等的组合，该组合形式在中国石窟艺术中十分少见，仅见于川东大足及周边地区。

首先看第279龛，龛内稍大者为药师龛，内镌药师佛、左右二胁侍菩萨（日光菩萨、月光菩萨）、八菩萨、十二神将等。主尊药师佛倚坐姿，头部已毁，身着双领下垂式袈裟，衣纹疏密有致，流畅自如。左手抚膝，右手于胸前结印，双足踏仰莲足踏，端坐于金刚座上。身后有圆形身光和头光。头顶上方，悬垂莲花宝盖。盖两侧的飞天裙带飞扬，笛、笙、排箫、琵琶等乐器漫天飞舞，虽是静止的画面，却给人一种满壁生风的感觉。二弟子随侍两侧，右弟子双手执锡杖，左弟子双手合十，头上方左侧龛壁悬一佛钵，即药师佛所执的药钵，有“悬壶济世”的意涵，构图巧妙。左右为日光菩萨和月光菩萨，分别持日轮与月轮，有日光普照、月光普照之意。二菩萨面相丰圆，身材修长，衣纹质感轻薄，装饰华丽，体现了由唐向宋过渡的一种艺术风格。龛两壁镌八大菩萨，左右各四，分上下两层排列，有的双手合十，有的手执莲苞，皆赤足站于悬出的祥云之上。八菩萨在众生命终之时“乘空而来，示其道径”。龛沿下方十二神将个个顶盔着甲，眉目舒朗，动作潇洒，神情威严镇定。龛底刻七宝池，池中荷叶、莲花，摇曳多姿，生机盎然，营造了一个宁静、祥和的佛国世界。

药师龛右侧龛内镌经幢一座，形似小塔，呈八面柱形，由幢座、幢身、幢盖三部分构成，层级繁多，富丽精美。幢身刻写佛经，一般为《佛顶尊胜陀罗尼经》，故此幢也称作“佛顶尊胜陀罗尼经幢”或“陀罗尼经幢”等。唐代随着佛经崇拜观念深入人心，写经、刻经、颂经风靡各地，为保持经文持久耐用，当时人们多选在石质材料上刻经，陀罗尼经幢就是在此背景下随着《佛顶尊胜陀罗尼经》的流行应运而生的。佛教宣扬常诵此经“能净一切恶道”，解除地狱之苦。若人能书写此陀罗尼，安于高幢、高山、高楼或道路边，那些经过的人只要看到，或者是被“尘沾影覆”（即幢影投身或上面尘土沾身），所有罪业、恶道之苦则荡然消除。人们只要读诵佛顶尊胜陀罗尼咒，就可以免遭地狱之难，这一点与地藏菩萨的地狱拯救

北山石窟第279龛

功能相仿，只不过方式不同而已。当然，除了破地狱之外，此经还有增益寿命、追荐亡者、助生极乐等功能。正是由于上述种种妙处，唐代以来造陀罗尼经幢成为风尚。

药师龛左侧从上至下刻有四身一模一样的地藏像。地藏头戴披帽，身穿袈裟，面相丰圆，眉弯目细，眼神微微下视，面带微笑，神态亲切淡然，予人以安静、慈祥之感。菩萨随意坐在金刚座上，左足踏仰莲足踏，左手于腹前托宝珠，右手执锡杖，身后有圆形背光。左下侧为身穿交领袈裟、双手合十的青年形象，据推测可能为道明和尚。整组造像雕凿规整，布局巧妙，新奇独特。

地藏是中国佛教中与观音、文殊、普贤并誉的四大菩萨之一，以“众生度尽，方证菩提；地狱未空，誓不成佛”之大悲誓愿而著称。地藏驻地狱教化众生，是幽冥界“教主”，有情众生只要念诵其名号，礼拜供奉其像，一旦死后坠入地狱，就能得到地藏的救度与关怀，而深受广大信众的崇奉与膜拜。

另外，龛楣一排十方佛，龛外侧立有供养人像，多风化，细节不清。

第 281 龛与之类似，不同之处在于药师居右，经幢居中，地藏居左，重复造三身，另外龛楣处小佛十一尊，据题记可知为七佛、阿弥陀佛与三世佛的组合。两龛皆有明确镌造时间和供养人题记，从样式风格看，两龛经统一规划，由不同施资人、同批工匠制作而成。药师与地藏、经幢等共处一龛，这种独特的组合造像在大足仅见于北山，显然这是佛教世俗化的

地藏菩萨 北山石窟第 279 龛（局部）

北山石窟第281龛

产物，也是地区民间信仰在造像上的体现。

药师佛，又称大医王，是东方净土世界的教主。佛经讲，他许下“十二大愿”，以解救众生。如愿除众生一切病苦，治无名痼疾，免遭“九横死”（即坠崖、火烧、水淹、饿死等九种非正常死亡），有求富贵、须禄位、延寿命、多子嗣，莫不随心应验。让人倍感踏实的是，药师不仅能解除现世困惑，还不耽误来世往生，甚至西方净土往生。《药师琉璃光如来本愿功德经》说：“愿生西方极乐世界无量寿佛所，听闻正法，而未定者。若闻琉璃光如来名号，临命终时，有八菩萨，乘神通来，示其去处，即于彼界种种杂色众宝花中，自然化生。”当然，药师的治病功能，给人以现世的关怀，尤为信徒所关注。人一旦为病苦所折磨，续命求生是最大的渴望，因而祈求药师开出种种“良药”，为其消灾延寿。而当一切无法挽回，生命即将走到终点时，也希望得到药师的救度，以使来生远离苦厄灾难。经中将世人对药师佛的期冀表达得淋漓尽致，举凡“生民之大欲，世间之切要”，药师佛都能满足。因此，中国民间对药师佛的信

经幢 北山石窟第279龛

仰特别盛行。

另外，龛楣处十方佛，预示着借由药师、地藏及陀罗尼经幢，信众可以从现实秽土世界以及地狱等恶道依自愿往生至任何佛国净土。第 281 龛特意镌造了一尊阿弥陀佛，反映了施主对西方净土世界的向往。

可以看出，药师信仰、地藏信仰、陀罗尼经幢信仰三者在功能上既有相似，也有互补。药师信仰注重现世福报，地藏信仰关照的是地狱解脱，陀罗尼经幢是现世与来生之间的中间环节，既是两种信仰的结合，更是对二者各自功能的加强，而十方佛则是为了最终的净土往生。根据造像记得知，造像目的是希冀寿命延绵，祛除灾障，家人清吉安康，夫妻和睦，高封禄位，先灵祖远，同沾殊善。因此为今生、为来世、为生人、为亡者的通盘设计时，功德主将救世济民的药师、地藏、陀罗尼经幢同时供奉，旨在期望得到多重的救护与庇佑，是心头的一种安慰和精神寄托，具有隽永的宗教魅力。

（李红霞）

祈晴祷雨

华贵富丽的孔雀明王

灵符曾验雪山阳，妙道今留辟万殃；
七佛同音为证据，千魔共摄显真常；
酬因立解多生结，愈病还将没药方；
稽首慈威能普济，有谁得似大明王。

——（明）道忞《孔雀明王佛》

孔雀明王，全名佛母大孔雀明王，为孔雀明王陀罗尼之拟人化，常作女性形象，以持孔雀翎或乘坐孔雀为特征，是佛教诸明王中唯一以慈悲的菩萨面相出现的神祇。

在古印度，孔雀因形貌美丽，羽翼七彩，被公认为瑞禽，深受人们喜爱。孔雀也被佛教所重，并赋予特定的内涵。早在东晋时，就有西域僧人将《孔雀明王经》带到中土，并加翻译传持。唐代被誉为“开元三大士”之一的密教僧人不空，译出《佛母大孔雀明王经》。经中讲述了一则故事：有一个名叫沙底的小和尚，在砍柴时，被一条大黑蛇咬伤，昏倒在地，口吐白沫，两眼直翻。阿难见状，立即向佛陀报告，以求救治之策。佛陀告诉阿

孔雀明王 北山石窟第155窟

难，有一部咒叫《大孔雀明王咒》，有大威力，修持念诵，不仅能消除毒害，还能使众生祛除鬼魅、恶疾，获得安乐。阿难听说后，依佛所传念咒，沙底果然获救。这个情节生动地表现在大足石门山和宝顶山石窟寺的孔雀明王经变中。

孔雀明王咒不仅可以祛除鬼魅、蛇虫的毒害，而且还具有祈雨的功能，所以古代在进行祈雨的仪式中往往会有僧人转诵《孔雀明王经》。如唐玄宗天宝五载（746），天大旱，久日无雨，不空大士启奏设立“孔雀坛”求雨，结果不到三天，天降甘霖。玄宗大悦，敕赐不空袈裟一副，并亲自披在不空身上。

《孔雀明王经》的产生与孔雀形象美丽华贵、古代印度咒法盛行有关，也许还与孔雀王本生故事有些联系。西晋竺法护所译的《生经·佛说孔雀经》中有本生故事，佛告诸比丘：“欲知尔时孔雀者，我身是也。”密教经典中也有“此孔雀王者，大日如来化身是”。以上种种，说明孔雀是佛陀的“化身”，后被世人称为孔雀明王，为密教所供奉。在密教中，孔雀明王因能助人祛除鬼魅、毒害、恶疾、祈晴祷雨，为众生消灾免难，在民间信仰之风炽盛，孔雀明王造像大量涌现。

大足石刻的孔雀明王像均集中在宋代，共计6窟，并全是单独开窟供养，主尊高大。其中北山佛湾第155号孔雀明王窟，规模最大、艺术水平最高，是大足石刻同类题材中的翘楚之作。这是一座中心柱石窟，高3.47米，宽3.22米，深6.07米，有长方形甬道，供信众绕行礼拜，具有坛场性质，也许有祈雨、除毒的作用。

窟中心柱刻主尊孔雀明王像，结跏趺坐于孔雀背负的莲座上，头戴精美花冠，耳垂珠珰，胸缀璎珞，身着天衣，披帛绕臂下垂，面容端秀，俯首下视，和蔼可亲，神态自然庄严，充分表现出恻隐悯人的慈悲情感。身有四臂，左上手托梵夹，表增益，右上手执吉祥果，表调伏；左下手执孔雀翎，表消灾，右下手执莲蕾，表敬爱。手中所持四种吉祥物代表密教的四种修持方法，即增益法、调伏法、息灾法和敬爱法。莲座下的孔雀，身高 1.95 米，两脚站立，侧目张望，灵活自如，身姿昂扬，半翅展开，尾巴悠扬地翘起直达窟顶，既作了窟顶支撑，又作了明王背屏。艺术家用孔雀的彩羽将明王围拥，莲瓣鲜艳洁净，翎毛柔软飘拂，让美丽的孔雀明王闪光耀彩于莲瓣与翎毛之间，更加光彩照人，让人感到明王完全是世间柔媚艳丽、俊逸圣洁的美神形象。明王的精雕细刻与孔雀的大刀阔斧形成鲜明对比，造像与支柱融为一体，可谓神工妙笔，匠心独运。

窟内正壁及左、右壁遍刻千佛，共 1066 身，皆结跏趺坐于莲座上，佛之面相、手势、衣饰各异，构图规整，造型统一而又富于变化，富有极强的装饰效果。千佛为十六国北朝以来普遍流行的图像，与礼佛、忏悔的活动有关，即通过礼敬佛的名号来解脱诸苦，累积功德。不空译《大孔雀明王画像坛场仪轨》中记载了以孔雀明王为本尊的孔雀明王曼陀罗。其曼陀罗是以孔雀明王为中心，过去庄严劫三佛、贤劫四佛和未来佛四周围绕。这七佛代表过去、现在、未来之佛，亦代表了一切佛，无量无边之佛菩萨

孔雀明王 石门山石窟第8窟

围绕佛母大孔雀明王，共同组成孔雀明王曼陀罗。北山第 155 窟的这一场景，正是力图表现孔雀明王曼陀罗之精华。千佛刻满洞壁，宛如佛国仙境，气势恢弘，浪漫梦幻，与雄伟的孔雀明王相互辉映，构成一个完美的整体，营造出一种热烈庄重的宗教气氛，由此创造出极富力量感的强大气场。可以想象，当信众走近洞窟进行观瞻或绕孔雀明王诵经礼拜之时，便会受到石窟内空间布局的影响，进而凝神冥想，超脱于现实。

孔雀明王莲台下方基座的左壁上保存有“丙午岁伏元俊、男世能镌此一身”的题记。“丙午岁”为北宋靖康元年（1126），时逢靖康之乱，宋室南迁，百姓在南北战乱的忧患中惶惶不可终日，造孔雀明王像以祈求庇佑，反映出人们对康宁生活的祈盼。

此窟是大足石刻最早开凿的一座中心柱洞窟，工匠利用中心塔柱的构造，巧妙地将宗教仪式与建筑力学完美地结合在一起，创造出富有民族特色的历久弥新的石窟艺术。伏氏是大足本地的石窟工匠，世代以凿窟雕像为业，在北山、多宝塔、舒成岩等处造像作品中留下题名，为研究中国石窟艺术的创造者提供了可贵的历史资料。

（李红霞）

觉天无云

山光水月中的自在观音

净渌水上，虚白光中；一睹其相，万缘皆空。

——（唐）白居易《画水月菩萨赞》

水月观音，即“观水中月之观音”，是观音三十三化身之一。在绘画或雕塑中往往表现为以游戏状的姿态坐于岩石上，观水中月影的形象。观音身后有圆月为背景，周围有泉流池沼、山峦丛林，宛若一幅山水画，充满中国式的艺术美感，但是这种形象并无确切的佛教经典依据，是中唐画家周昉根据《大唐西域记》记载的普陀洛迦山的观自在菩萨，而“妙创水月之体”。《历代名画记》记载：“胜光寺……塔东南院，周昉画水月观自在菩萨掩障，菩萨圆光及竹，并是刘整成色。”因周昉所创的水月观音像衣纹劲简，彩色柔丽，菩萨端严，备受时人所好，之后广为流传。晚唐、五代时期

北山石窟第 133 窟全景

水月观音像在各地寺院壁画中都能见到。北宋以后水月观音的影响日益扩大，成为后世观音造像最常见的表现形式之一。

“水”和“月”在佛教典籍中是个隐喻的象征，寓意一切诸法，如幻，如焰，如梦，如影，如水中月，皆无实在性。身后的一轮圆月可以说是水月观音的标志。唐代的许多著名文人也曾用“水月”来比喻“空”与“虚幻”

的含义。如李白在《志公画赞》中就有“水中之月，了不可取，虚空其心”的诗句。水月观音代表了一切随缘，一切依法，又一切如虚空之意。另一方面，“水”“月”在佛教中可以喻示着般若智慧和觉悟圆满等重要含义，体现观世音菩萨的般若智慧。

大足宋代雕刻的水月观音最多，以北山佛湾第 133 窟最具特色。该窟顶部为平顶，高 3.18 米，宽 2.25 米，深 3.11 米。正壁主像水月观音呈游戏状坐于金刚座上，头戴宝冠，身着天衣，胸前及衣裙上饰满璎珞，手腕戴臂钏，彩带飘拂，有三条衣带长垂于地，轻盈自然；右腿蜷曲而立，左腿盘曲，右手斜依于右膝上，左手握持数珠串放于膝上。观音面容姣好，笑意盈盈，神情潇洒，仪态闲适。柳眉之下，那双智慧深邃的眼睛微微俯视，好似目视前来朝拜的芸芸众生，无疑拉进了与信众之间的心理距离。观音项后有圆形火焰头光，背靠是以普陀洛迦山为背景的一幅典型山水画屏，左侧山石上放置着净水瓶。画面给人一种空灵静谧的美感，唤起的是对善良清净本性的追求。普陀洛迦山（意为光明山）是观世音菩萨的说法道场。关于普陀洛迦山，在《华严经》中有描述：“海上有山多圣贤，众宝所成极清净，花果树林皆遍满，泉流池沼悉具足，勇猛丈夫观自在，为利众生住此山。”《观音大士赞》中描述：“巍巍宝座，凝然居自在之身；荡荡慈容，皎若现白衣之相；身挂云罗素服，藕丝织而色映寒霜；体严璎珞同心，衣缕盘而丽晶皓雪；翠迎仙岛五云之宝盖玲珑，艳迸摩尼百宝之花冠赫奕。眉横纤黛，如海门之秋月初弯；目绀重瞳，似水面之青莲乍秀；齿排珂玉，

水月观音 北山石窟133窟（局部）

舌莹紫檀；丹珠一点艳频婆，两脸朦胧匀琥珀。”十分生动地刻画出观音的妙相。

北山这尊水月观音的造型宛如盛装的世俗贵族少女，悠闲自由的姿态，随性洒脱，一改以往佛堂庄严肃穆的气氛，充满浓郁的世俗气息。观音身后左右两侧分别侍立善财与龙女。善财为少见的老人相，头戴束发小冠，国字脸，满面皱纹，颧骨隆起，寿眉长垂，胡须挂腮，身着长袍，双手于右侧捧盘，盘内盛石，虔诚供养。龙女则是一位涉世未深的少女相，头梳双环高髻，髻上戴小冠，面庞圆润，身着长裙，秀美可爱，双手于右侧捧盘。北宋以来，此二像通常作为胁侍出现在水月观音的两侧，这也恰好暗示了水月观音与《华严经·入界法品》中善财五十三参的紧密联系。经中说善财童子因文殊菩萨指点，南行参拜善知识，寻求佛道，一共参拜了五十三位善知识，而最终获正果。他参拜的第二十七位善知识便是观音菩萨。当他来到南海普陀洛迦山观音菩萨说法道场时，“见观世音菩萨住山西阿，处处皆有流泉、浴池，林木郁茂，地草柔软，结跏趺坐金刚宝座，无量菩萨恭敬围绕，而为演说大慈悲经，普摄众生”。无独有偶，北山佛湾第 113 窟的设计也表现出善财童子参拜普陀洛迦山中观音道场的情景：该窟门呈圆拱形且装饰

右壁金刚像　北山石窟133窟（局部）

左壁金刚像 北山石窟133窟（局部）

有山石，此即普陀洛迦山的象征；观音坐于正壁，左侧雕善财童子，面向观音作双手合十参拜状。

最富特色的是，第 133 窟内有四身多头多臂、各执不同法器的金刚像。他们头戴盔，身着甲，俨然一副宋代将军的威武装扮。金刚面向窟外，怒目圆睁，眉宇倒立，表情凶悍，加上手中执矛、风火轮、金刚杵、斧、绢索、宝剑、大刀等各种法器，大有扫除魔障，澄清寰宇之势，让人感官上受到强烈的震撼。金刚本是佛陀的护法神灵，却出现在水月观音窟中，它们构成了不同的场景图像，同时反映了信众复杂的信仰诉求。

该窟造像雕刻精美，细腻传神。以水月观音为代表的观音信仰的盛行体现了印度佛教不断中国化的进程，水月观音独特而唯美的造型，既源于对传统佛教造像的印证，又有机结合了中国唐代以来文人士大夫的审美思想，把人物画和山水画，特别是青绿山水巧妙地组织在一起。水月观音造像是佛教进入中国后与中国民族文化相结合的典型代表，也是佛教中国化、本土化、世俗化的最直接例证，具有深刻而又十分丰富的文化内涵。

（李红霞）

转读大藏
随喜绕行的大轮藏

玲珑大宝藏，要转即便转；
全半若为分，顺逆皆方便。
——释牧云《看灵隐投香人转轮藏》

转轮经藏窟位于大足北山佛湾中段，高约 4 米，宽约 4 米，深约 6 米，为平顶长方形大窟，开凿于南宋绍兴十二年至十六年（1142—1146），保存完整，是北山石窟中规模最大，雕刻最为精美的一座佛窟。

转轮经藏又称为“转轮藏”或“轮藏”，是佛教仪式中的一种法器，据说由南朝傅大士所创。《释氏稽古略》载：“大士以佛经目繁多人或不能遍阅，乃建大层龛，中心立一柱，启八面而实诸经，谓之‘轮藏’。立愿曰：‘登吾藏门者，生生世世不失人身。发菩提心者，能推轮藏，即与持诵诸经功德无异。’”

转轮经藏窟中央镌轮藏，三壁造诸佛、菩萨、力士等像。轮藏为八面形，由轮座、轮身、帐顶三部分组成。轮座为须弥山，山上有一蟠龙，戏珠。摩尼宝珠在佛教中为吉祥的象征，龙是佛教中护法“天龙八部”之一，以龙围绕宝珠，暗含守护佛法之意。龙身上方刻一八角形雕花莲台，周围栏杆上有数十名游戏儿童，或跨、或爬，或坐、或卧，天真活泼，充满童趣。轮身为八根圆雕石柱，每柱上皆盘有一龙，有的头上尾下，有的尾上头下，动感十足，象征龙众护法。帐顶为八面实心露盘，每面上均刻有楼阁、宝塔，祥云缭绕，氤氲瑞气，一派仙境。在这里，转轮经藏不仅体现了法轮常转的宗教意涵，还起到了支撑、采光、装饰的作用，乃石窟中别开生面之作品。

窟内正壁造一佛、二弟子、二菩萨像，主尊释迦佛跏趺坐于大莲花座上，面相丰圆，头有螺纹发髻，内穿僧祇支，外穿袈裟，双手戴镯于胸前结转法轮印，法相庄严，静穆祥和。佛头顶上放出二道毫光，呈“V”字形伸向窟顶，表示佛大放光明，光耀十方诸佛、菩萨及众生。弟子迦叶和阿难侍立其旁。左右两侧分别侍立观音和大势至菩萨。二菩萨均头戴花冠，脸颊丰腴，身姿修长，衣着华丽，饰带迎风飘舞，气质高华，给观者以洒脱超然之感。观音左手提净瓶，右手拈杨柳；大势至菩萨双手握莲花负于右肩上。

左右壁分别刻有四组造像，均独立成龛，两两相对，或正或侧、或坐或立，布局井然有序。左壁自内而外依次是：普贤菩萨、玉印观音、宝珠观音、力士；对应的右壁依次是：文殊菩萨、不空羂索观音、数珠手观音、力士。其中菩萨造像妙丽庄严，曾被赞誉“除敦煌壁画外，实无其匹”。

第一组是文殊菩萨和普贤菩萨。文殊菩萨乘坐在青狮背负的莲座上，天庭饱满，五官端正，双眼凝视前方，目光炯炯，神情庄严，嘴唇柔薄，微微开启；左手握着经卷，右手于胸前作姿，其博学睿智、稳笃自负的气质，被艺术家传神地塑造出来。如果说文殊以形神兼备而见长，那么与之对应的普贤菩萨，则是一尊神像人化的代表。普贤菩萨面庞丰润又略显秀气，眉眼细长，体态窈窕，衣袂飘飘；一手执如意，一手抚膝，手指修长，指背雕刻得圆滑细腻，柔若无骨。头部微微前倾的颔首设计，使得礼佛者在仰视菩萨时与菩萨视线对接，你会发现菩萨在与你对视，温和亲切的目光，流露出对人间的关切，令人顿觉心境空灵升华、安宁平静、烦恼止息。随着一天之中洞窟光线的强弱变化，菩萨的面部表情也会随之发生微妙的变化，但嘴角始终流露出含蓄而又意味绵长的微笑，给人一种温婉、恬静、秀雅之感，故有“东方维纳斯”之称。

转轮经藏 北山石窟第 136 窟（局部）

在文殊和普贤菩萨的身后，各侍立一善财童子，光头圆脸，身着袈裟，面向主尊，含胸顿首，双手合十与胸前，一副虔诚膜拜的模样。《华严经·入法界品》中说，善财童子于福城之东庄严幢娑罗林中，听文殊说法后，一念发起，次第南行，为获菩提而孜孜不倦参拜了五十三位善知识。

第二组是玉印观音和不空羂索观音。皆端坐于方台上，头戴镂空式花鬘冠，垂眉含笑，胸饰璎珞，袈裟覆座，衣褶下垂轻盈自然。脸颊丰腴，肌肤莹润。雕刻家通过无与伦比的艺术语言用一斧一锤、一刀一凿的旷世奇功打造出了观音肌肤的细腻柔美，似乎有吹弹可破的质感。玉印观音惹目之处，还在于头上的花冠，其装饰极为繁丽，雕刻玲珑剔透，豆粒般大小的珠串，距今虽已八百多年，却一粒未损，让观者无不叫绝。不空羂索观音头上的帽冠，似一个装满鲜花的花篮，精美别致，充满了生活气息。这二观音像以极富母性魅力的中年贵妇雍容睿智、高贵超凡的气质被艺术

文殊菩萨 北山石窟第 136 窟（局部）

普贤菩萨 北山石窟第136窟（局部）

家传神地塑造，佛性中蕴含着人性的美好，人性中显示出佛性的庄严。

两尊观音像旁的侍者则更多体现出世俗的气息，人物眉眼上挑，面相俊美，表情文静，俨然现实生活中的才子佳人。

第三组是宝珠观音和数珠手观音。二者形姿相同，均戴化佛冠，赤足立于莲台之上。那修长的身姿，含情的双眸，俊美的面容，仿佛是走出宫廷的翩翩少女，浑身洋溢着芬芳的人间气息。两尊菩萨衣饰华丽，不论是装饰镂空莲花和卷草的头冠，还是极尽繁复的璎珞，都展现出奢丽之风。宝珠观音手中的宝珠，为佛教七宝之首，能够驱除黑暗带来光明，寓意像明灯一样光照世间。数珠手观音手捻佛珠，额中发出光芒犹如丝带交缠成圈，左右对称成图案，造型精美别致，显示了工匠高超的技艺。

靠近窟口的两侧，各立一金刚力士像，皆上身赤裸，下着短裙，手持鞭锏，双眼圆瞪，孔武有力，正守护着这神圣的殿堂。

转轮经藏窟由大足本地官民集体募建而成，从造像记中可以看出，他们供养的目的也因人而异：有祈祷国祚兴隆，阖门清吉；有祝今皇帝圣寿无疆，皇封永固，人民快乐；也有祈乞母亲康宁，眷属吉庆，以及祈祷寿年遐远、福寿昌隆；等等。这些题记成为了人民忠君爱国、孝亲祈福、祝愿和平的见证。施主为了表示对佛的虔诚，功德不断，除了出资开龛造像以外，还把自己的形象也刻上。在正壁右侧就刻有四身供养人像，神情肃穆，虔诚而立。男像戴无脚幞头，着圆领窄袖长服，腰系索；女像头挽高髻，垂耳珰，着交领长服，手肘上覆巾帛，长垂于膝前，为我们生动地展现了宋代世俗人物的情貌和服饰。

陈寅恪先生说："华夏民族之文化，历数千载之演进，造极于赵宋之时。"转轮经藏窟塑造出的人物，性格鲜明，艺术形象精美绝伦，其雕刻技艺精湛细腻，璎珞珠串玲珑剔透，叹为观止。崇尚文治的宋代，也是一个充满人文气息的时代，因而造像既非南北朝雕塑的凝重刚健，亦非唐代造像雄浑艳丽，而是具有自己的独特风格——典雅清丽，精微俊逸。在形体上，力求美而不妖，丽而不娇，以恬静的面部反映其内心之宁静，以玲珑的衣冠显示其身份的高贵，更多地体现出一种高雅圣洁的阴柔之美。这些造像有着丰富传神的姿态，蕴含着极富人情味的隽永禅意。在艺术造型上，既注重雕塑作品的体面转折与空间感，又融入中国绘画中的线条韵律，体现了中国雕塑艺术的绘画性特征，具有鲜明的民族特色。同时，为了保证视觉的效果良好，窟内光线投递的远近和角度不同，雕像的正侧转向也随之而变，淋漓尽致地展现出了菩萨的全部风采。每当阳光斜照洞窟，并通过转轮经藏映照到造像身上，进入洞窟的人便会有"步移影换之妙，摄人心魂之感"。

大足古代的石刻艺术家，以卓越智慧和精湛技艺，创造出这一辉煌的石窟艺术，代表了12世纪中叶雕刻艺术的顶级水平，被学界誉为"中国石窟艺术皇冠上的一颗明珠"。

（李红霞）

宝顶山大佛湾

宝顶山石窟

宝顶山石窟寺建成于南宋时期，是一座由木构寺院、摩崖造像以及石塔建筑等构成的综合性佛教寺院。在宋代三百年间修建的石窟寺中，没有一处在造像规模上堪与宝顶山比肩。一位明代人士游历宝顶山后慨叹：『西至五台，东及普陀，以为天下名山莫有俪者，至历斯境，崖迹迥异，又不在二山之下，佳哉！佳哉！』

如果把宋代佛教造像做一全面的梳理，我们会看到最能体现中国民众的文化心理、审美品味、世俗追求和信仰观念的莫过于宝顶山的石窟造像。

殊胜宝顶

广大宝楼阁经变

剞云技巧欢群目，今贝周遭见化城；
大孝不移神所与，笙钟鳞甲四时鸣。
——（宋）宇文屺

大佛湾南崖东段有一幅比较特别的经变，它可能与宝顶山名的来源密切相关。根据图像内容可以判定该经变根据《广大宝楼阁善住秘密陀罗尼经》而制作，故简称为“广大宝楼阁经变”。

该经序品中讲述了一则修行成道的故事：很久以前在南赡部洲，民众丰足安乐、亲密无间，五谷不种就可自然成熟，也没有佛的名字。这里有一座名叫“宝山王”的大山，宝山中有三位仙人，“一名宝髻、二名金髻、三名金刚髻”。三位仙人诵念佛、法、僧三宝，一心想证得无上正觉，普度众生。后获天眼见到净居天，并听闻释迦讲广大宝楼阁秘密善住陀罗尼经咒。此经咒有不可思议的力量，可降服一切魔军，使地狱、饿鬼、畜牲、

广大宝楼阁经变 宝顶山石窟第 4 龛

三仙人像 宝顶山石窟第 4 龛（局部）

阿修罗等都得到解脱，超越生老病死、悲苦忧愁，还可让人获得幸福快乐和健康平安。未来洲中若有不孝者、不敬者、偷抢淫邪者、诽谤妄言者，通过听闻、读背、受持、佩戴、书写等方式接触此陀罗尼，便会消除恶业，终得圆满。仙人们闻法后欢欣鼓舞，在禅定中三仙人消没于地，地上随后生出三根竹子，竹子的根、茎、叶皆由珍宝组成。十个月之后竹子破裂生出三个童子，小童子禅定至第七日夜中皆成正觉，三根竹子遂变成了“高妙楼阁”，巍峨伫立于云端之上，三童子化为如来相趺坐于其中。

广大宝楼阁经变围绕上述故事而创制，整个画面浮雕于竖长的龛壁上，通高 7.5 米。经变以三尊并排而坐的仙人为主体，三人禅定坐姿，皆头蓄发，身着僧服，一副行者相。正中一人头发卷曲中分，面部方圆，双眼微闭，

口上有髭，嘴角微扬；内着系带中衣，露出僧祇支边缘，外着覆肩袒右式佛衣，外衣及下裙衣纹刻画细密如波状纹。左侧仙人面部刻画稍显年轻，右侧者略微老成，皆内着交领宽袖长服，外着袒右式袈裟。

三仙人像处于同一水平位置，背景衬以凹凸不平的岩石纹理。他们的头顶上方，工匠用祥云来刻画高妙的佛法与智慧，云上并生紫竹，三竹内各刻有一“颜貌端、正色相成就”的小童子。紫竹耸入云端，枝叶隐现，细节处理立体生动，更作为连接上方图像的媒介之一，与精心布局的山石共同形成了纵向叙事的空间关系。故事由此递进，竹中童子禅定成正觉，三竹则变为最上方的重檐庑殿式建筑，名为“广大宝楼阁”。楼阁建筑共两层，三童子成佛后趺坐于内，楼阁上下祥云围绕。

龛内下部，为南宋嘉定十六年（1223）前后由时任权尚书兵部侍郎的杜孝严所题“宝顶山”三大字。杜氏籍贯普州（今四川安岳），尤善治史修书，其作为南宋名士交游圈子甚广，其中不乏精通佛学之人。《宋史》记其曾与张洽交好，张氏少年师从朱熹，兼通百家，熟读老子浮屠之说，杜孝严或受浸染。文人士大夫本就好游山水，而宝顶山既可满足其山水之乐，又作为佛教圣地可求佛理，杜氏游历宝顶山甚至留下墨迹也在情理之中。同时，当朝太常少卿魏了翁也在宝顶山留下了多处题刻，可见南宋士人阶层的题诗刻石之趣。

“宝顶山”三字出现于此龛造像处，或非随意安排。首先，该经讲述的是三仙人修成正觉之事，对于像宝顶山的创建者赵智凤这些僧人而言，无疑具有示范意义。其次，赵智凤以宝顶山为自己修行的道场，自然向往驻锡之地像三仙人的住处“宝山”一样殊胜。如此一来，“宝顶山”极有可能是傍“宝山”名而得之。当然，这只是我们今人的臆断，究竟根源还得从“宝顶”一词本身的含义中去进一步探赜。

按照今天的理解，宝，意即“珍贵的东西”；顶，意即“物体最上部”“最，极”等。《说文》中解释：“宝，珍也”，表“玉与贝在屋下”之意；“顶，颠也”，表“最上”之意。“宝顶”一词非赵智凤新创，佛典中早已有之，其意义多重：

其一，特指佛、菩萨名，如“宝顶如来，顶有瑠璃宝、红莲华宝、帝青宝、大青宝、石藏宝等，如是大宝普放光明犹如日出”，另有“宝顶焰灯如来”“宝顶菩萨”等。也有山王、龙王名叫宝顶者，如“宝顶山王”“宝顶龙王”等。

其二，特指佛陀、菩萨髻中明珠。《涅槃经疏私记》中云：“宝顶者，从髻中明珠。”《华严经·金刚幢菩萨十回向品》中金刚藏菩萨将天冠髻中明珠布施给众生，以令一切众生得以安住“智慧宝顶”云云。另外，宝顶寓意“众宝之上”。《大乘四论玄义》中解释：“宝顶，智慧之众宝之上，故宝顶。”

其三，特指佛国世界。如《大方等大集经》卷第二十二云：“去此六万千亿佛土，彼有世界名曰‘宝顶’，具足五滓，有佛号曰‘宝盖光明功德’，十号具足，亦为四众宣说开示杂四谛法。”

其四，特指经名，有《宝顶经》（五卷），已佚。

从上述的梳理看出，“宝顶”一词在佛典中有着丰富的意义，赵智凤取此名，正是充分认识到了这一名词所隐含的深层的祥瑞寓意。宝顶之名，既具智慧，又富哲理，彰显了一代佛学大师之学识与修养。同时，此龛“广大宝楼阁图”造像构图巧妙、布局精美，又傅色鲜艳，至今仍可见红、黑、蓝、绿等诸多色彩。还有在自然崖壁上再造山景这种“以山写山”的手法也妙趣横生，工匠利用石壁起伏凿刻出错落的山石结构，借用线性纹理来实现立体感的塑造。其间有“放焰珠”进行点缀，经文当中“种种妙花间错垂下”的场景也通过散落各处的拙朴花朵得以展现，令人心神往之。

（张子荷　米德昉）

常乐我净
世间唯一的半身涅槃像

山花如锦水如蓝，触目熙熙春正酣。
若谓双林曾灭度，分明蹉过老瞿昙。
——（宋）释道冲《佛涅槃》

涅槃，又称泥洹、泥曰等，佛教中指灭除生死因果，脱离六道轮回，获得大解脱、大觉悟之意。涅槃不等同于一般世俗意义上的生命结束，或者死亡，而是一种重生，意味着进入了一个不生不灭的永恒境界。因之，涅槃是佛教修行者追求的最高境界，也是终极目的。

宝顶山大佛湾东崖段横卧一尊巨大的佛像，常称作“卧佛”，此即释迦牟尼的涅槃像。佛陀头朝北，右胁侧身卧于一横长龛内。说是龛，其实并没有刻意做出完整的龛沿，不过是在镌雕中剔除了多余岩石而形成的空间，至多在像上方留了部分岩体作为龛顶，以避风雨而已。和传统涅槃像比较，这尊像最大的独特之处是，艺匠仅镌出佛陀的上半身，膝盖以下隐没在南面崖壁中，右肩部及以下身体也藏于地中。即便如此，像身长达 31.6 米，显示肩宽 6.7 米，而全国最大的张掖大佛寺西夏涅槃像也不过 34.5 米长，何况还是完整的全身。像这样的半身涅槃像，在佛教造像中仅此一例。

这尊涅槃像并不孤单，佛头部北崖转折处镌刻了“腋下诞生”和“九龙灌沐”两个画面；其脚伸向的南壁造像虽漫漶，里面仍能看到《佛传》中常见的“箭穿七鼓”“路遇死人”等内容。由此可知，大佛湾深处表现的是以涅槃像为中心的释迦传记故事。

当然，涅槃像也是宝顶山最大的一尊像，处于整个大佛湾的视觉中心。佛像头部螺髻，面容饱满，双眼微睁，嘴带笑意，流露出传统涅槃像常有的平静与祥和。左臂平放于身侧，靠近腿部处竖立有两根立柱连接着龛顶。因为现在所见是后期维修的面貌，最初结构未必如此。根据龛壁雕刻的娑罗树叶片看，这两支立柱应该表现的是涅槃图中常见的娑罗双树，一般出现在佛陀身后，此龛中置于腿部前方，既不碍视觉，又起到支撑龛顶岩体的作用，可谓是巧夺天工了。

佛像身侧前方是一排前来做最后供养的人物，共有 19 身，从特征看是 8 尊菩萨，中间夹杂 3 身着世俗装的人物和 1 身头被卷发的行者；队伍中间有 1 身背对观众的帝王，头戴冕冠，身着朝服，双手执圭，面向一只由 4 身力士抬负的供案，上面摆满花果等供品；佛陀头顶与最下方分别立 1 身天王。这些人物均为半身，大多腰部以下全没入地面。造像中央，自

涅槃像 宝顶山石窟第 11 龛

菩萨像 宝顶山石窟第二龛（局部）

菩萨像 宝顶山石窟第 11 龛（局部）

供案后方向，上升起一硕大的倒梯形状的云台，上面一排站立 9 身人物，均为女像，这是释迦的母亲摩耶夫人及其随侍。佛经中讲，摩耶夫人生下释迦七天后去世，后往生在三十三天。她惊悉释迦灭度，悲痛之中奔赴到现场送别，于是有了释迦为母“升棺说法”一事。这些故事详尽地描绘在佛陀传记中。

此龛涅槃像第二个独特之处是，其中没有一身弟子像。从印度古犍陀罗、中亚到中国遗存的历代涅槃系列图像中，从来不会缺席弟子的身影，一般以迦叶、阿难为首的十大弟子为主，围于佛陀身侧，表现出悲痛万状的样子。当然有些丰富的画面中还会有国王、大臣、金刚力士甚至各类动物等形象。这里我们看到的是八身菩萨、一位帝王及几位世俗人物，而且个个面容平静，根本没有悲伤或痛苦的表情。相比而言，敦煌莫高窟第 158 窟中唐时期涅槃图中，人物众多，一群异族国王大臣等以割耳嫠面、刺心剖腹等极端举止表达对佛陀离去的哀痛之情，画面气氛压抑而凝重。

第三个独特性是，本铺涅槃像与降诞像并置，也就是将释迦一生之中位于生命两端的画面放在一起，其意图颇值得体味。我们看到，与卧佛头部紧挨的一幅画面中，摩耶夫人手扶无忧树，释迦太子从其右腋下生出。此龛像正对着佛陀的头顶，佛母目光似乎在注视着佛陀，显然二者间有着密切的关联。在一般佛教图像中不会将释迦降诞与涅槃图像同时做有意并置。即便有，也是出现在表现佛传的“四相”或“八相”组合情节中。但这些组合中二者间的独立性十分明确，不同于大佛湾的作例，处理得如此

树下降诞图 宝顶山石窟第二龛（局部）

“含混”。

将此二图并置，显然是有深意的。我们要知道，赵智凤打造宝顶山道场，在造像的设置上十分强调“援儒入佛”，最典型的是将儒家提倡的孝道思体现在造像中，比如规模巨大的“大方便佛报恩变”和“父母恩重变”，在竭力倡宣孝敬思想。遗存于大佛湾的一通宋代碑刻中，昌州知州宇文屺评价赵智凤“刻石”是为了“追孝”。因而有人认为宝顶山就是一座“孝道道场”。了解了这样一个大致背景，我们再来看降诞与涅槃场景，在释迦“一生”“一死”的生命历程中，佛母均未缺席，而她也由此先后经历了“一喜”“一悲”的感情跌宕。在这样一种“穿越”中我们是否领略到母爱的伟大？《诗经·蓼莪》是一首苦于服役、悼念父母的诗，其中唱道：“父兮生我，母兮鞠我。拊我畜我，长我育我。顾我复我，出入腹我。欲报之德，昊天罔极！”或许在这样的吟咏中，我们方能体会到宝顶山这铺涅槃像深层的、超越宗教的内涵。

（米德昉）

生灭不绝

六道轮回世界的象征图像

三界轮中万种身，自从贪爱业沉沦；
君看轮外恒沙佛，尽是轮中旧日人。
——《六道轮回图》偈颂

佛教对于时间的定义是“无始无终”，若加划分，便由过去、现在与未来三个阶段构成。世间生命皆由过去而来，向未来而去，如此流转不息，轮回不尽。佛教教义中很多理论高深莫测，常人难以理解，为此便采用了象征、譬喻、图解等各种通俗易懂的方式，把深奥抽象的概念转化为浅显的知识，从而为民间大众所轻松接受。宝顶山大佛湾的六道轮回（又叫生死轮）图便是生动的案例。

轮回图位于大佛湾南崖，左侧与九大护法神像毗连，再过去有条之字形台阶，通向佛湾上面的圣寿寺，这里是大佛湾最初的入口处，现已关闭不用。这幅图中，一无常大鬼，脚踩毒龙，怀抱巨轮，硕大的口咬住轮盘

六道轮回图 宝顶山石窟第 3 龛

中央圆环

中央圆环内还有三只动物：一只鸽子、一条蛇和一头猪，分别位于行者左右侧和莲座处。其中鸽子表多“贪染”，蛇表多“嗔恚”，猪表多“愚痴”。佛教认为人生有“贪、嗔、痴”三种烦恼，此三者乃万恶之源，毒害人最深，故又称之“三毒”。其中“贪”即我们常说的贪婪之心，指染著于色、声、香、味、触等五欲而难以自拔，以致利欲熏心。“嗔”即嗔怒，指恼怒、仇视、怨恨他人之心。《大乘五蕴论》中说：“云何为嗔？谓于有情，乐作损害为性。”“痴”即愚痴，指佛教所谓的“无明”，意即愚昧无知，事理不通。如何克服“贪、嗔、痴”，佛教提出对应的方法是“戒、定、慧”，即贪则戒之，嗔则定之，痴则慧之。

第二环

第二环，被光带均分为六个部分，里面镌刻了不同的内容，分别代表着天、人、阿修罗、畜生、地狱、饿鬼六个世界，一般称作“六道”。天道由一组天宫楼阁及日月代表；人道内是四位着装不同的人物，表示四大部洲之人间；阿修罗道中是一个八臂、双手擎日月的半神半人形象，此即阿修罗，经常和帝释天争斗，是天龙八部神之一；畜生道内是三只动物，看上去像狮子、牛、马，表示动物界；地狱道镌一地狱之门，前面一马面鬼族将罪孽者欲投进油锅；饿鬼道刻画了一只大头饿鬼正在吞食一人。六道中天、人、阿修罗三道称之“三善道”，位于轮盘上部；轮盘下部畜生、地狱、饿鬼称之“三恶道”，此三道中生命会经受难以想象的痛苦，一旦坠入地狱、饿鬼道更是充满恐怖与血腥。

第三环

第三环，共有十八个独立的小圆圈画面，里面是些人物，有交谈的、行走的、坐卧的、生育的、得病的、老弱的、死亡的等等，表示佛教所讲的“十二因缘”。即指因“无明”而导致生、老、病、死、忧、悲、苦等十二个环节，其间因果相随，永无间断，使人流转于生死轮回大海，无法得以出离。

的上部。大鬼左侧一妇人双手扶轮，前面一只猿猴右爪扶轮，左爪按住阴部；右侧分别为文武装束的二人在扶轮。轮盘分割为四个同心圆环，中心环内一卷发行者禅定坐于莲座，其胸口位置发散出六道光带，将轮盘均分为六

第四环

第四环，是一些水罐，里面有人、动物等，呈逆时针旋转，表示生命从一种状态向另一种状态的过渡，亦即死亡和重生。水罐一端露出的人脚或动物尾巴，表示前生，水罐另一端露出的头，表示来世。这里通过十八种相续不断的生命状态解释了生命的轮回。正如龛壁题刻的一首偈颂所言："三界轮中万种身，自从贪爱业沉沦；君看轮外恒沙佛，尽是轮中旧日人。"

个扇面。光带上面是一个个化佛，趺坐于月轮内。

大鬼头顶有三尊小佛，均结跏趺坐于莲座。中间佛为法身佛毗卢遮那，左右分别为报身佛卢舍那与应身佛释迦，代表的是佛教中的三身佛。

据唐代义净翻译的《根本说一切有部毗奈耶》记载，轮回图的绘制源于佛弟子目犍连，他在游历了“五趣”（即天、人、畜生、饿鬼、地狱），见众生受苦景象，遂于四众具说其事，并言：“苦乐之报皆悉不虚，汝等应信。”之后佛陀敕诸弟子“于寺门屋下画生死轮”，并详述了轮样与画法：

应随大小圆作轮形处中安毂，次安五辐表五趣之相；当毂之下画捺洛迦（地狱），于其二边画傍生、饿鬼。次于其上可画人、天，于人趣中应作四洲，东毗提诃、南赡部洲、西瞿陀尼、北拘卢洲。于其毂处作圆白色，中画佛像。于佛像前应画三种形，初作鸽形表多贪染，次作蛇形表多嗔恚，后作猪形表多愚痴。于其辋处应作溉灌轮像，多安水罐画作有情生死之像。生者于罐中出头，死者于罐中出足，于五趣处各像其形。周圆复画十二缘生生灭之相，所谓无明缘行乃至老死。无明支应作罗刹像；行支应作瓦轮像；识支应作猕猴像；名色支应作乘船人像；六处支应作六根像；触支应作男女相摩触像；受支应作男女受苦乐像；爱支应作女人抱男女像；取支应作丈夫持瓶取水像；有支应作大梵天像；生支应作女人诞孕像；老支应作男女衰老像；病支应作男女带病像；死支应作舆死人像；忧应作男女忧戚像；悲应作男女啼哭像；苦应作男女受苦之像；恼应作男女挽难调骆驼像。于其轮上应作无常大鬼蓬发张口，长舒两臂抱生死轮。于鬼头两畔书二伽他（偈颂）曰：

汝常求出离，于佛教勤修；

降伏生死军，如象摧草舍。

于此法律中，常为不放逸；

能竭烦恼海，当尽苦边际。

此处经文仅表“五趣”，即没有加进“阿修罗道”，后世轮回图基本在此文本基础上展开描绘。总观大佛湾的轮回图，画中出现象征贪嗔痴的三种动物、“人道”中以四人表示“四洲”、表示十二因缘的水罐图像等完全遵循了经文的描述。不仅如此，无常大鬼两肩处龛壁各有一莲叶榜题框，里面正好题刻了经中两则偈颂（二伽他）。而且此轮回图位于原初大佛湾的入口一侧，所处位置也吻合了经文中“寺门屋下画生死轮”的规定。

大佛湾的轮回图阐明了佛教的生死观，是“神不灭论”思想的体现。认为无论过去、现在还是未来，众生在一种无休止的生死轮回中以不同的方式重复着，永远经受着“烦恼”与“痛苦”，而这一切皆缘于“无明”。那么“解脱”之路在哪里呢？唯有“戒定慧”的修行，最终成就正觉，达到涅槃。唐代大学士裴休在《大方广圆觉修多罗了义经略疏序》中言：“今夫经律论三藏之文，传于中国者五千余卷，其所诠者何也？戒定慧而已。修戒定慧而求者何也？圆觉而已。”接下来的牧牛图便解释了如何达到“戒定慧”的境界。

（米德昉）

冥界万象

地藏十王地狱变

峨峨非剑阁，有树不堪攀；
佛手遮不得，人心似等闲；
周王应未雪，白起作何颜；
尽日空弹指，茫茫尘世间。
——（唐末五代）贯休
《观地狱图》

死亡是人类不可避免的终极命题。自人类产生自我意识以来，便不断追问人死之后将去往何地，生命的意义又将寄托于何处。遍寻古今中外，对死后世界的想象是每个民族都不断探寻的问题。植根于不同文化土壤的民族，在迥异的文化环境中构建并发展出各自的生命观念、伦理意识和信仰体系，这些差异性往往鲜明地凸显在死后世界的描绘中，并且对成长于这片文化土壤的人群产生很大程度的影响。古代埃及人认为生死就像日升日落，人死后进入冥界，通过考验便能重回人间；古代犹太教将理性的获得看作人类的原罪，关注知识获得的无限和生命有限之间的矛盾。人类获得理性的力量，便不能谦卑地认识自己，因此才有偷吃“禁果”的原罪，而这一原罪，只能等待上帝的救赎。中世纪时期，天主教一改二元的天堂地狱论，创造出一个让有罪之人能获得救赎的炼狱。死后世界观念是一个民族独有的文化异彩之反射，死后世界观念的改变，也反映出这个民族对于生命意识和宗教信仰等观念体系的改变。

中国人自远古时期就有对死后世界的构思。先祖崇拜使得人们将冥界的想象附着于葬俗祭礼上。先秦两汉时，人们相信魂魄不灭，人死后魂盛者去往天，魄盛者归于地。死后世界只是在世生活的翻版，死亡也不过是去往另一个空间。因而，祭祀普遍流行。祭礼，实际是将生人对死亡和未知的恐惧消解于对先祖的纪念中，寄望拥有超凡力量的先祖保护宗族后代，以此通过另一种方式完成对“生”的延续。佛教传入中国后，中国人的冥界观念有了明显的转变，死后世界不再是人世的翻版，死生异界转变为生死轮回。逐渐建构起以地狱为审判空间，以灵魂为轮回“业”报载体的死后世界结构。五代以降，十王信仰的成型使得中土冥界世界观变得更加丰富。佛家思想与中国本土冥界观念的接合，构建起一套较为成熟的冥界世界观，影响后世千年。

宝顶山“地藏十王地狱变”（简称“地狱变”）位于大佛湾北岩西端，为高浮雕摩崖造像，高 13.8 米，宽 19.4 米。此龛内容涉及佛教典籍较多，构成也较为复杂。据考，本龛包括《地藏菩萨本愿经》《地藏菩萨十斋日》《佛说十王经》《大方广华严十恶品经》《护口经》等经典内容。宝顶山这龛以冥界为主题的造像群，被称为现存规模最大、技艺精湛、内容完备、

業鏡

地藏十王地狱变　宝顶山石窟第20龛

锯解地狱 宝顶山石窟第 20 龛（局部）

镬汤地狱 宝顶山石窟第 20 龛（局部）

体系成熟的杰作。

本龛造像自上而下分为四层：

第一层为十方佛，趺坐于圆龛内，佛像体量大小相近，除了双手结印外，个别手中持有莲花、经册、佛钵等物。

第二层为地藏并十王组合，成一排布局。地藏居中，以少见的菩萨形象出现，跏趺坐于莲花座上，头戴宝冠，胸前佩戴璎珞，外着袈裟；右手结说法印，左手捧宝珠。左右各一侍者，分别执持锡杖和钵。座下原有一尊卧狮，后来因岩体松动跌落至地面。手中宝珠发出四道祥瑞之光，成“X”形，两道上至顶部，显出佛国净土；两道下抵二层，化出地狱世界。在视觉上既起到连接两层雕刻的作用，又意味着地藏菩萨的慈悲和法力上达天堂，下通地狱，凸显地藏作为死后世界救赎者的形象。

地藏左右对称分布十王及两司官。十王皆坐于桌案后，从画面左至右

顺序排列，每位案前垂布上题刻偈颂；旁边立侍者或判官，手中或持笏板，或持书簿。两边侧位置分别安置“现报司官”和“速报司官”。根据《佛说十王经》，亡人分别在“七七”（七个七日）、“百日”“周年”“三年”特定时间点依次受到十王的不同审判。两头二司官皆头戴展脚幞头，身着圆领袍服，典型的宋代官员形象。十王像下方也出现了地狱变中常见的“业镜”和“业秤”。

第三、四层描绘的是众所周知的“十八地狱”世界。地狱图景横向排列，每组搭配铭文，均以念诵某神祇、菩萨名千遍可免下某地狱的形式，搭配赞词。

刀山地狱。左侧上方刻画一人，神色痛苦，眉头紧锁，正张嘴哀嚎。一把尖刀从他的左肋骨刺出，仿佛因为受不住痛苦，只能用尽全力手扶崖壁，勉强支撑身体。下方一人，赤裸着半身，瘦骨嶙峋，正脚踩刀尖在刀山林立中艰难地向上攀爬。两个罪人右侧站立一身形高大的鬼卒，右手粗鲁地提抓一人，欲往刀山上扔去，身后是一位带枷的妇人，面色惊恐看着刀山地狱的恐怖场景。

镬汤地狱。场景中设置一口大锅，地下烈火正熊熊燃烧，锅内油汤翻滚，骸骨肉块依稀可见。油锅旁站立一高大马面鬼卒，双手持叉正在锅中搅拌。锅后一鬼卒，右手高举铁锤，左手抓着一女子的发髻，神色凶悍，而女子看着眼前的残酷刑罚，吓得掩面而泣。

寒冰地狱。两个受刑者，赤裸上身，仅围着一块裆布，被冻得

地狱变中养鸡女 宝顶山石窟第 20 龛（局部）

骨立形销，整个人蜷缩成一团。

锯解地狱。一受刑者被倒吊捆绑于刑架上，上身肋骨清晰可见，仿佛一头亟待被宰的牲畜。两个鬼卒一左一右，正在拉扯锯子，将受刑者从臀部锯解而下。

刀船地狱。船内刀尖林立，穿透两受刑者手臂、胸口，动弹不得，痛苦万分。在此恐怖的刑罚现场上面，却出现温馨一幕，一养鸡女，面貌秀丽娴静，嘴角微微含笑，爱怜地看着笼中家禽。如此一幅农家恬适画卷为何会出现在地狱场景中？原来养鸡女养殖家禽，为食肉者提供原始材料，间接种下恶业而遭受刑罚严惩。

……

地狱场景中还出现一行者像，立于一塔前，卷发，着僧装，仿佛正在向前来的观瞻者说教。其身侧题刻二偈语："吾道苦中求乐，众生乐中求苦"；"天堂也广，地狱也阔，不信佛言，且奈心苦"。

宝顶山地狱变相为我们展现了恐怖万状、充满杀罚的极苦世界，艺匠以写实的手法，通过人间世态构想了一幅形象生动、内容丰富的地狱万象。

（余尧玉竹）

水澄月现

田园牧歌中的禅意境界

了了了无无所了，心心心更有何心；
了心心了无依止，圆照无私耀古今。
人牛不见杳无踪，明月光寒万象空；
若问其中端的意，野花芳草自丛丛。
——《牧牛图》题记

宋代以来，以“牧牛”托喻“修心证道”在禅门中十分流行，并出现相应的图像与颂词。图颂互为搭配，描述了“未牧”“初调”“受制”“回首”“驯服”“无碍”“任运”“相忘”“独照”“双忘”十个次第渐进的“修心”过程。图中牛身颜色由黑渐白，终至于人牛不见；所系颂词，为七言四句形式，辞藻素朴，意境深邃。传世的图颂中以宋代普明禅师的版本影响最大，明代僧人袾宏评价云：“其为图也，象显而意深；其为颂也，言近而旨远。”

宝顶山大佛湾的《牧牛图》，是此题材中现存的唯一一幅石刻浮雕形式造像。该图位于大佛湾南崖东段，与圆觉洞相邻。画面采用了中国长卷式绘画的构图形式，布局在一段长约 30 米、高 4 米余的“S”形曲面崖壁。

在镌作中，工匠几乎未加修正岩体便顺势就刀而成，连遮风挡雨的龛楣都没有凿出，全然裸露在外。大佛湾除圆觉、毗卢二洞外，均采用在天然壁面直接造像的方式，较之一般石窟造像事先要镌出规整龛（窟）形的做法，堪称是一种大胆的突破。

该图起首端有一则题记，云："朝奉郎知润州赐紫金鱼袋杨次公证道颂。"由此得知，全图据北宋杨次公《牧牛颂》而刻。杨次公，号"无为子"，曾做过负责宗庙礼仪的官职"太常"，其生来崇信佛教，最初好禅宗，后归心净土。杨次公作《牧牛颂》十二章，七言四句，现已佚，大佛湾算是仅存版本，可谓弥足珍贵。这幅《牧牛图》按照一颂一图而镌，自左至右共十二图，每图都有颂词，部分已漫漶不清。兹依图序概要介绍之。

第一幅"未牧"。画面中一头水牛桀骜不驯，正欲拼命挣脱羁绊向山间奔去，后面牧人双手紧拽鼻缰，使劲想把牛拉回，画面气氛紧张。附题的颂词写道："突出栏中不奈何，若无绳绻总由他；力争牵尚不回首，只么因循放者多。"

第二幅"初调"。牧人左手执缰绳，右手举皮鞭，经过几度调训，水牛头被拽回，仿佛比之前表现得有点温顺了（此图颂词已风化）。

第三幅"受制"。牧人站在牛侧前方，右手牵牛，左手扬鞭。这幅图中牛首部分已残损，留下诸多后期补修时凿出的楔子眼。从松弛的缰绳看，牛已能勉强顺从人意。颂词云："芳草绵绵信自由，不牵终是不回头；虽然暂似知人意，放去依前不易收。"

牧牛图　宝顶山石窟第 30 龛（局部）

第一幅『未牧』 第二幅『初调』 第三幅『受制』 第四幅『回首』 第五幅『驯服』 第六幅『无碍

第四幅“回首”。画面中牛安静地站立着，抬头双目圆睁，望着远方，仿佛若有所思。牛左下方牧人头戴斗笠，身披蓑衣，轻挽缰绳，正在爬上一块岩石。牛背上方雕有一只类似虎狼的动物从山上奔跑下来，头部已毁。颂词曰：“牵回只似不同群，放去犹疑性未定；取放未能忘鼻索，□放□□放者空。”

第五幅“驯服”与第六幅“无碍”因为两个牧人的搭肩交流而互为关联起来。画面中二牧人并坐一起正交头接耳地说着有趣的话题，说到精彩处不由得开怀而笑，艺匠把人物极富感染力的表情惟妙惟肖地刻画出来。画面右侧的牛温顺地站立在旁边，竖着耳朵，好像被爽朗的笑声所吸引；左边的牛更为自在，正匍匐前腿畅饮着山间流下的泉水。这里牧人和牛的

牧牛图线稿 周颖绘

关系已显得比较轻松、和谐，牧人虽然手握缰绳，但松弛下垂的样子说明对牛的驯化已进入安闲自如的境地。颂词曰："放去收来只自由，鼻头绳芯亦当□；虽然立□□□□，步步由自不放伊。""放来□似会人言，□□□侵更可怜；坐看□绿全不顾，由有绳绻虑狂颠。"

第七幅"任运"。画面中牧人面带微笑，右手抬起，似乎在招呼前方的牛，右手中握着从牛鼻上取下来的缰绳。遗憾牛头部已毁，从躯体动态判断，可能正在转向牧人。颂词曰："牛鼻牵空鼻无绳，水草由来性自任；涧下岩前无定上，朝昏不免要人寻。"

第八幅"相忘"。水牛悠闲地舔着蹄，缰绳随意绕搭在脖子，牧人坐在后面，头微侧，人牛似乎两两忘记了对方的存在。从牧人专注的神态看，

牧牛图 宝顶山石窟第 30 龛（局部）

原来在听对面一位老年牧人悠扬的笛声。颂词曰：“万象忘机无所得，牛身全白尾由黑；比霞千颂故其中，□坐孤岩谁取则。”

第九幅“独照”。这幅图中牧人长髯飘飘，正十分投入地吹着横笛，婉转袅娜的笛声不仅打动了对面的青年牧人，还引来田野中的白鹭。其身后的牛背对着他正在仰首畅饮叮咚而下的溪水。颂词曰：“全身不观鼻嘹天，放者无拘坐石巅；任是雪山香细草，由疑不食向人前。”

第十幅“双忘”。牧人怡然自得，敞胸露怀地在一棵大树下酣睡。树上一只顽皮的小猴倒悬而下去扯他的衣襟，生趣盎然。牛在一边安闲地卧着，沉浸在自我世界中，仿佛忘记了曾经的训斥与鞭策。颂词曰：“高卧烟霞绳放收，牧童闲坐况无忧；欲寻古尊□踪□，去住人间得自由。”

牧牛图 宝顶山石窟第 30 龛（局部）

第十一幅“禅定”。此时，牧人、牛均不见了，只有一位禅师结跏趺坐于岩间。其头顶上方刻颂一首：“无牛人自镇安闲，无住无依性自宽；只此分明谁是侣，寒山竹绿与岩泉。”

第十二幅“明月”。画面中人、牛均无，唯见一轮圆月。题刻偈颂曰：“了了了无无所了，心心心更有何心；了心心了无依止，圆昭无私耀古今。”其后续普明禅师词：“人牛不见杳无踪，明月光寒万象空；若问其中端的意，野花芳草自丛丛。”明月象征了修行达到圆满，所谓“圆照净觉了无明空”。至此，本《牧牛图》结束。

此图是佛教艺术中仅存的石雕作例，相关研究颇丰，但对于第十一幅的禅修像，多从略不谈。世存《牧牛图》例中并无该项内容，增刻于此必有用意。图中禅师趺坐于岩龛中，结定印，披卷发，着袈裟。头顶处一方形框内除了题刻本图颂词外，其右还有一莲叶框，内刻“假使热铁轮，于我顶上悬；终不以此苦，退失菩提心”一则偈颂，这是宝顶山频现十余次的“假使偈”。那么如何去理解这位禅师在《牧牛图》中的意义呢?

由榜题“无牛人自镇安闲”知道，此禅师当是牧人所喻之“身”。故事到此似乎从隐喻转向明示，使观瞻者对牧牛之意了有所得。这里的“假使偈”非牧牛颂内容，因在宝顶山多处题刻，一向被看作是赵智凤的“座右铭”，以示其“艰苦卓绝之志”。或许缘于此，许多学者将这身禅师视为赵智凤像。其中丹麦的索伦森认为“假使偈”是赵智凤的人生“信条（note）”，他的形象出现在《牧牛图》中并不奇怪，因为还见诸于宝顶山其他主题图像中。美国的古佳慧在跟进的讨论中注意到此处赵智凤与北崖柳本尊像对望，由此联想到这种安排是在暗示两人间的法脉关系。仅仅因为“假使偈”或此山为赵智凤所建，将一些卷发人像视为赵智凤的看法显然是欠妥的。因此，我们认为，此身禅师是赵智凤为自己及同道塑造的一个理想悟道者的形象，类似于“代言人”，并不具体确指某人。但不排除赵智凤以此来影射自己，试图也成为后学心目中的“偶像”。

即便如此，禅师的出现并没有冲击到《牧牛图》固有的意涵与功能，我们仍然认为全图旨在阐明一个专业的佛教问题。其所面对的是佛教徒或宗教家，而非毫无佛教知识的普通百姓。至此会明白长期以来该图为何被民间所“误读”。清道光、咸丰年间禅师像先后被装彩，左侧壁留二则题记，均言“装彩牛王菩萨金身一座”，清人居然将这身禅师当作“牛王菩萨”。今天当地民间将此壁称之“放牛坪”，与前者一样，反映的是一般百姓的理解。类似的情况在佛教文献或图像资料中并不少见，折射出民间群体在宗教信仰中的一个现实问题。赵智凤是认识到了这一点的，宝顶山大量通俗易懂的叙事图像，显然在更广泛的意义上是为了承担起对普通人的教化功能。

（米德昉）

独照群昏

风姿绰约的十二圆觉菩萨

今夫经律论三藏之文，传于中国者五千余卷，其所诠者何也？戒定慧而已。修戒定慧而求者何也？圆觉而已。

——（唐）裴休《大方广圆觉修多罗了义经略疏序》

宝顶山大佛湾圆觉洞，位于南崖西段，是一座方形平顶窟，高、宽约6.5米，深约10.7米，是大足所见最大的一座洞窟。对于以摩崖雕刻为主要形式的巴蜀石窟而言，像圆觉洞这种规模较大的洞窟极其少见。因为西南地区气候湿热多雨，洞窟不利于造像的保存，所以更多选择以摩崖浅龛形式去表现。

圆觉洞三壁造像，正壁（后壁）镌三佛，结跏趺坐于高高的束腰莲座上，左右拐角处分别立一身僧装和世俗装人物；两侧壁各为六身菩萨，均坐于方形束腰台座；前壁不造像，上方开一天窗，下方设窟门，略偏离中轴线，靠近右壁。正壁及两侧壁前方地面，雕长条形石质供案，形制完全模仿生活中的木制桌案。中间供案前雕一菩萨，体量几与成人等身，跪于束腰莲座上，合掌面向主尊。

窟内佛与菩萨近于圆雕，身后没有常见的火焰纹身光，龛壁雕镌为凹凸不平的山岩状，初次进入，感觉仿佛来到一个自然岩洞之中，面目为之一新。需要说明的是，窟内所有造像包括供案均与岩体相连，非事先雕好再搬进来的，可以想见在建修前曾做过极为细致周密的规划。不像敦煌石窟，可以分两步走，先开挖好洞窟，然后于龛内或佛坛塑像和绘壁。

正壁三佛居中者头戴菩萨冠，双手于胸前结拱手式印契，是为毗卢遮那佛。其冠中央火焰宝珠发散出两道光带呈“V”字形伸向窟顶，表示毗卢佛放大光明，辉耀十方诸佛、菩萨及众生。光带中间龛壁中一化现人物，趺坐姿，身着世俗装，此即宝顶山所供奉的神格化人物柳本尊，是毗卢遮那佛的应化之身。宝顶山所见柳本尊像中，其冠处雕刻有毗卢佛像，艺匠通过这种方式把二者凡圣合一的意涵巧妙地表达出来。毗卢佛左右二佛形姿相同，均不戴冠，头布螺髻，位于左侧者双手结阿弥陀佛常有的禅定印，右侧者双手托钵。二佛头顶崖壁也各有一身化像，趺坐，细节风化不清。此三佛分别代表了佛教中的“三身佛”，即法身佛毗卢遮那、报身佛阿弥陀佛和应身佛释迦牟尼。一般标准配置中报身佛为卢舍那，这里以阿弥陀佛代替。正壁拐角处的人物，位于左侧者卷发，着袈裟，双手合十；右侧者戴方形冠，着交领大袖袍服，双手执笏板。二人头顶上方一化像，立姿，外形似菩萨。此二人分别代表了佛教中的道俗信众。

窟内左右二壁各 6 身菩萨，个个头戴镂空式花鬘冠，垂眉含笑，璎珞严身，袈裟覆座，水波纹式的衣褶疏密有致。尽管岁月的斧凿在她们娇美的颜容上刻下些许斑驳，但其婉约的身姿，含情的双眸，修长的手臂，仿佛是一个个走出宫廷的翩翩少女，浑身洋溢着芬芳的人间气息。面对这些菩萨像，我们感觉到的不是佛国神祇的威严与庄重，而是那种充满烟火气的亲切与爱怜。我们不得不慨叹宋代艺匠高超的镌作技艺，魏晋以来中国

圆觉洞内景 宝顶山石窟第 29 窟

艺术在表现人物时所追求的“以形写神”理念，于此发挥得淋漓尽致。同样精美的菩萨造像还见于与本窟同期的安岳华严洞。毫不夸张地说，在宋代佛教人物雕塑艺术中，能在比例、动态、神韵等方面达到如此炉火纯青地步者，鲜有作例。所以大足石刻宋代造像被誉为中国石窟艺术皇冠上的“明珠”，绝非言过其实。

而且该窟称奇的地方还不只是这些美轮美奂的菩萨造像，还有地面中

跪拜菩萨 宝顶山石窟第29窟（局部）

右壁众菩萨 宝顶山石窟第29窟（局部）

央那位正在礼佛的菩萨。我们倒不是被这尊菩萨的俊美所吸引，好奇的是，为什么要在窟内安置一尊背对观众的菩萨？这位菩萨会是谁呢？为何还要拜佛？

我们只有从圆觉洞的造像中去寻找答案。原来窟内造像是依据《大方广圆觉修多罗了义经》（简称《圆觉经》）而造，这部经由唐代时来自罽宾国（古代西域国名）的僧人佛陀多罗于白马寺所译。核心内容大致是这样的：在一次法会上，以文殊、普贤为首的十二位菩萨，依次为在会法众向佛陀咨询关于修行大乘道的问题，佛陀围绕如何修得“圆觉境界（圆照清净觉相）”逐一回答了十二位菩萨的提问。这部经，经华严第五祖宗密注疏后广为流传，南宋潼川府（今四川三台县）沙门居简在《圆觉经集注·序》中言：“圭峰发明此经，造疏数万言，反约于广博浩繁之中，略为别本，由唐至今广、略并行，西南学徒，家有其书，于戏盛哉。”宋代时此经在巴蜀地区非常盛行，并出现诸多反映该经思想的石窟造像，比如安岳圆觉洞、华严洞及大足陈家岩等，大佛湾圆觉洞是其中代表作例之一。

窟内列坐的十二身菩萨，即是《圆觉经》中出现的文殊、普贤、普眼、金刚藏、弥勒、清净慧、威德自在、辩音、净诸业障、普觉、圆觉、贤善首菩萨。下面我们以由内至外的顺序，对窟内这些菩萨像的基本特征作一简要描述。

左壁：第一身菩萨座旁卧一只狮子，很明显是文殊，跏趺坐，左手扶膝，右手于胸前，手毁；头顶云端立一人物，着交领袍服。

右壁：第一身菩萨座旁卧一只大象，此即普贤，跏趺坐，左手持一经帕，右手平放腿部；头顶云端一人物坐于岩石，着交领袍服，右手竖二指指向上方。

左壁：第二身为普眼菩萨，跏趺坐，双手托一宝珠；头顶云端立一佛，双手于胸前笼袖状。

右壁：第二身为金刚藏菩萨，跏趺坐，左手结禅定印，右手举于胸前，手损；头顶云端立一人物，戴三角形冠，抱拳，着天衣。

左壁：第三身为弥勒菩萨，跏趺坐，左手结禅定印，右手举于胸前，手损；头顶云端立一人物，着交领袍服，细节漫漶。

右壁：第三身是清净慧菩萨，左手禅定印，右手半握拳状举于腹部前；头顶云端立一人物，束发髻，着交领袍服，左手持物，细节漫漶不清。

左壁：第四身是威德自在菩萨，盘左腿、弓右腿式坐姿，左臂依靠在三脚夹轼上，右臂自然置于右膝；头顶上方云端一圆环，内趺坐一卷发人，着交领袍服。

右壁：第四身是辩音菩萨，即观音，为弓左腿、盘右腿式坐姿；左臂自然置于左膝，右手扶于身侧；右侧崖壁雕出观音手中常见的净瓶；头顶处云端一圆环，环内趺坐一菩萨，袈裟覆顶。

左壁：第五身是净诸业障菩萨，跏趺坐，双手掌心朝上叠放于腹前；头顶云端一楼阁，左右各立一身天王，门楣题刻“法王宫”。《圆觉经》中言：“无上法王有大陀罗尼门，名为圆觉。”此处特指该“法王”住所。

威德自在菩萨 宝顶山石窟第 29 窟（局部）

辩音菩萨 宝顶山石窟第 29 窟（局部）

右壁：第五身是普觉菩萨，跏趺坐，右手扶膝，左手于腹前，已毁；头顶处云端显一楼阁，门楣题刻“光明殿”字样，门侧立一童子，合掌，颇似善财。

左壁：第六身是圆觉菩萨，盘左腿、垂右腿式半跏趺坐姿，左手于胸前，手损，右手扶膝；头顶云端处趺坐一佛，禅定相，右侧二人在拜佛。

右壁：第六身是贤善首菩萨，垂左腿、盘右腿式半跏趺坐姿，左手扶膝，右手于胸前竖掌，掌心向左；头顶云端立一交领袍服人物，细节漫漶。

那位跪在佛前的菩萨，面容向下，似乎不敢正视佛陀，一副极为谦恭的神态。实际上这位菩萨并无具体身份，她是上述十二位菩萨的指代，跪于佛前，表示正在问法。这里采用情景式的手法，虚拟呈现了佛国世界的法会场面。

在窟门甬道左壁有题记若干，其中有“报恩圆觉道场”几个大字，明确指出窟内造像是围绕“圆觉”主题展开的。书写者是当时昌州（治今大足）知州“李□岗”（中间一字残），说明开凿这样一座洞窟得到了地方官员的支持。

我们置身于此窟，观瞻每一位佛菩萨的尊容时，似乎觉不出有何特别之处。然而，当我们面对佛陀，俯下身子想虔诚地来一次礼拜时，发现自己看到的是一位菩萨的背身，无法实现与佛陀在目光上的互动。为了避免这种尴尬，只有向左或向右移动一点位置，此时，不经意间发现自己竟然与这位菩萨同时在礼佛。于是便有了一种幻觉：难道跪拜的这位菩萨是降临人间，来到圆觉洞了吗？还是自己走进了佛国，来到佛陀的法会？

这是圆觉洞这种特殊的空间布局带给我们的感觉。其实从这样一个特殊的设计中我们会发现，圆觉洞不同于传统石窟的是，它在功能上并不是一个完全的礼拜场所，而是虚拟了一个法会的场景，试图让每一个亲临现场的信众从这种虚幻的空间中体验到佛国世界的殊胜与清净。

（米德昉）

大孝报亲

大方便佛报恩经变

稽首三界主，大孝释迦尊；

累劫报亲恩，积因成正觉。

——（唐）宗密《盂兰盆经疏》

大方便佛报恩经变龛位于大佛湾北崖中部，关于此龛经典来源和图像志的研究颇多，一般认为其主题与《大方便佛报恩经》关系紧密。

此龛正中为巨大的释迦牟尼佛像，左、右两壁刻佛本生及因地修行故事图共十二组，每组故事附题经文作为图解。主尊释迦牟尼仅镌刻出半身，像高 3.75 米。释迦身体微微前倾，螺发规整，面阔而圆，眉毛细弯、眯眼下视，鼻子高直、唇角稍提，显露出慈悲温润之相；内着僧祇支，外着双领下垂式钩钮袈裟；腕戴镯，左手托钵，右手于胸前结说法印。髻珠处发出一道毫光，化现出一座“忉利天宫”，天宫内有四尊像因风化而细节难辨。释迦头光位置化现出五色光芒，光芒中刻有人、地狱、阿修罗、畜牲、饿鬼等。《大方便佛报恩经》中言释迦说报恩经时身显“五趣”相，曰：“尔时释迦如来即从座起，升花台上，结跏趺坐，即现净身，于其身中现五趣身。”

龛顶横刻“假使热铁轮，于我顶上旋；终不以此苦，退失菩提心”的偈语，仿佛悬挂着一条大横幅，这一偈语也多次出现于宝顶山其他龛窟当中。主尊半身像下的方台正面凿为方碑状，题刻宋太宗、真宗、仁宗分别为佛牙舍利所作的赞，称作《三圣御制佛牙赞》，左右竖刻仁宗赞中“唯有吾师金骨在，曾经百炼色长新”。

十二幅故事分三层布局在主尊左右壁面，兹自左至右、自上而下依次介绍之。左壁部分：

“释迦因地行孝证三十二相”

出自《大方便佛报恩经·亲近品》，旁侧铭文中对这一主题作出了解释：佛之所以拥有“三十二相”“八十种好”，与其前世侍奉师长和父母，至孝、至善密不可分，所以才修得此不凡相容。图中共有刻像 4 身，一男子双膝跪地、两手合十，十分虔诚；还有一人头戴花冠、衣着华丽地倚坐于台上，同坐男子手指旁侧卷发僧人似乎正在向跪者说法。

“释迦因地行孝剜睛出髓为药”

出自《大方便佛报恩经·论议品》，故事中忍辱太子因父王病重，为救父亲以自己的眼睛与骨髓为药且命陨于此。图中对剜眼、取髓两个情节表现真切，引人动容。

大方便佛报恩经变相全景 宝顶山石窟第 17 龛

"释迦因地鹦鹉行孝"

出自《杂宝藏经·鹦鹉子供养盲父母缘》，有一只鹦鹉的父母俱盲，一日为供养双亲进入一家田地采食，不料却被田主捉住。田主得知鹦鹉为喂养年迈双亲而不远千里来找寻食物，为其孝心所动，便将其放生。图中男人一手捉着鹦鹉，一手作问询状，其后树枝间还刻画有鹦鹉父母一双。

"释迦因地割肉供父母"

出自《报恩经·孝养品第二》，须阇提太子因国内叛乱随父母外逃，途中食物匮乏，父亲欲害其母就食，太子阻拦，以割自己的皮肉来供养父母。数日后，须阇提已奄奄一息，他让父母继续前行，自己静静等待死亡。其行感动帝释天，遂让其身体恢复原貌。图中年幼的太子坐于父亲怀抱中，手臂上取肉的坑洼尤为显眼，却未见痛苦之像，太子交足而坐，姿态怡然，其孝行与虔诚之心可见一斑。

"释迦因地修行舍身济虎"

出自《菩萨本身鬘经》和《贤愚经》，讲述了萨埵太子兄弟外出游玩，路遇母虎与幼崽因饥饿奄奄一息，遂舍身饲虎的故事。图中萨埵太子骸骨于方台之上，猛虎自左侧探出，父母凝视太子残骸心情悲痛，他们轻抚太子头、脚，怜爱和不舍之情跃然而出。

"六师外道谤佛不孝"

出自《报恩经·序品第一》，阿难一次外出化缘，路遇一婆罗门负担双亲乞讨，时碰见六师外道，讥讽佛家不行孝养之道。图中弟子阿难着袈裟，侧头凝视着一担负二老人的婆罗门，旁边是几个形貌丑陋、手舞足蹈、奏乐助兴的外道。工匠对这些人物的刻画极为精妙，其发型、口鼻、须髯、衣装都具有异域特色，面部和身体的动势更显示出极强的戏剧张力。所谓“六师外道”，即古印度佛陀时代佛教以外的自由思想家，代表着当时印度社会生活中的六大思想流派。《报恩经》中将他们描述为“执着邪论”“心怀嫉妒”，企图“残灭正法”“毁佛法众”的异端。

右壁部分：

“释迦因地雁书报太子”

出自《大方便佛报恩经·恶友品》，善友太子入海采宝不归，所养大雁受其母亲所托携信寻觅太子，后见太子将书信转达，太子即刻回国。此时，父母因追念太子已双目失明，太子以所寻宝珠发愿，希望父母两目明净。图中善友太子托举宝珠跪在父母面前，大雁也在上方展翅，刻画了“持珠发愿”的孝子形象。

“释迦因地剜肉”

出自《大方便佛报恩经·对治品》，记述了转轮圣王为求佛法剜身燃灯供养地故事。图中共有三人，转轮圣王为半身像，双手合十非常虔诚，一卷发僧人正为其指点迷津，还有一人于后侧站立，但该像残损严重。

“释迦因地为睒子行孝”

出自《佛说菩萨睒子经》，国王打猎误伤了睒子，睒子平日里品行高尚又孝顺父母，其年迈失明的父母恳求上天施以援手，最终因其平时善行

与孝心获得天神解药。图中国王坐在方台一侧，佩剑着甲，还可见箭筒、弓囊，睒子仰卧于方台另一侧，盲父母为他托住头颈，上方有帝释天正亲临送药。

“释迦因地修行舍身求法”

出自《大般涅槃经》，阐扬了雪山大士为求半偈而舍身的故事。图中雪山大士从高树坠下，帝释天胡跪捧接，一边站立罗刹。

“释迦诣父王所诊病”

展现悉达多太子即便成佛仍心系父母的孝子形象。他听闻父亲缠绵病

六师外道谤佛不孝图 宝顶山石窟第 17 龛（局部）

榻、备受折磨，便前来探望，左手握住父亲双手，右手抚父亲前额，髻珠散发出夺目光芒，为其解除了病痛。

“大孝释迦佛亲担父王棺”

右侧下层则以较大尺寸完整展现释迦牟尼父亲净饭王去世，他亲自送葬的场景。送葬队伍的前方有“净饭大王舍利宝塔”，是佛陀父亲的归处。画面中释迦抬棺于前，胞弟难陀举香炉导引，儿子罗云（又称罗睺罗）与堂弟阿难跟随棺后。设计者将外道谤佛不孝与佛陀抬父王棺两个主题对称并置，鲜明地表达了佛家对孝道的主张。这种能够引起民众强烈情感共鸣的行为，对信众的震撼可想而知，其教化宣传效果不言而喻。

《大方便佛报恩经》作为贴近儒家传统，“适应中国文化性格的经典之一”，其艺术遗存不在少数。除宝顶山石刻外，也见于敦煌中晚唐洞窟、山西高平北宋开化寺及金代岩山寺等地。甘肃及山西壁画基本都采用中心构图，释迦牟尼居画面中央，本生故事有限，多依照经文顺序绘制。宝顶山此龛作为稀有的石刻作品，释迦牟尼以半身像出现，既无眷属部众毕集，也无楼阁台榭鳞次栉比，将较多的空间留给了报恩故事。观此造像整体布局，可谓删繁就简，把教化说理的功用置于首位，如同其刻文对经典的凝练，而甘肃、山西等地的壁画显然有更浓烈的装饰意味。当然这不代表宝顶山工匠对艺术表达的忽视，高度写实的人物形象与极具生活感的情节再现仍旧精彩非常。

总体来说，“大孝”是宝顶山大方便佛报恩经变的核心要义，同时也融合了佛教“舍身”的思想。在佛家看来，无论是供养父母还是求得正法，自我牺牲都是必要的实现手段。“舍身”这一冲破儒家传统的修行方法，与至孝相连，使其更加合理化。不过佛教

释迦亲担父王棺图 宝顶山石窟第 17 龛（局部）

并非一开始就十分强调“孝”的行为，其传入中国后，在儒家文化的浸润下不断契合中国社会民众的精神诉求，由此逐渐树立起以“行孝”为修行基础或前提的价值观。

（张子荷）

生我劬劳

父母恩重经变

父兮生我，母兮鞠我；
拊我畜我，长我育我；
顾我复我，出入腹我；
欲报之德，昊天罔极！
——《诗经·蓼莪》

父母恩重经变龛位于大佛湾北崖，与毗卢道场窟相邻，过去曾称“七佛龛”“十恩图”等，画面以《父母恩重经》中父母养育子女的“十恩图”为中心，旨在讴歌父母的慈爱恩德。《父母恩重经》最早出现于初唐，被誉为是中国传统文化与佛教义理结合的典范。此经也因符合中国社会崇孝的传统而广为流传。唐代及两宋时期相关图像绘制较多，明清更是风行，宝顶山此龛为少见的石刻作例。

龛内造像分上、中、下三层布局，上层过去七佛，中层“十恩图”，下层刻画地狱场景（大多毁），象征着佛国、人间、地狱三极世界。过去七佛成一排并坐，仅镌出半身，在形象特征的处理上比较程式化，区别主要体现在各佛手印与持物上。正中佛像左手结定印、右手在胸前作说法印，头顶生出两道毫光，直至龛顶。中尊左右两侧各有三佛，自内至外依次执经册、结定印、托宝珠。过去七佛指释迦牟尼佛及其之前出现的毗婆尸佛、尸弃佛、毗舍浮佛、拘留孙佛、拘那含牟尼佛、迦叶佛。

中层共有十一组与父母恩德相关的图像，作为此龛造像的核心部分，以“投佛祈求嗣息”图为中心，左右对称式布局了“十恩图”。“投佛祈求嗣息”图描绘的是一对夫妇佛前求子的场景，年轻夫妇面对而立，一人执香炉，一人添香料，下方题刻宗赜禅师的偈颂，其中曰：“父母同香火，求生孝顺儿；提防年老日，起坐要扶持。”鲜明表达了中国几千年来养儿防老的思想。两侧为“十恩图”，单元图像按一左一右顺序交叉布局，即左侧为第一、三、五、七、九图，右侧为第二、四、六、八、十图。每幅画面都有标题，附带一首偈颂，偈颂大部分语出慈觉禅师。

“第一 怀担守护恩”

母亲有孕在身，坐于方台上，正作势接过身旁侍女端来的药碗。图中再现了母亲怀胎身重而行动不便，注重进补并尽力守护胎儿的辛苦不易。

“第二 临产受苦恩”

母亲即将临盆，站立抚肚，表情痛苦，前面产婆撸袖蹲下准备接生，后面侍女小心扶着，生怕有所闪失，父亲在不远处焦灼地等待。

“第三 生子忘忧恩”

母亲怀抱着孩子，父亲禁不住地爱抚。之前的怀胎艰辛与生育痛苦早已烟消云散，此时尽享着天伦之乐。

“第四 咽苦吐甘恩”

父母恩重经变 宝顶山石窟第14龛（局部）

第一 怀擔守护恩

第二 临产受苦恩

第六 哺乳养育恩

第七 洗濯不净恩

第八 为造恶业恩

第三 生子忘忧恩

第四 咽苦吐甘恩

第五 推干就湿恩

十恩图

第九 远行忆念恩

第十 究竟怜悯恩

年幼的儿子不愿吃干硬的粗粮，让母亲咀嚼喂他。

“第五 推干就湿恩”

半夜儿子尿床了，母亲将干燥处让给孩子，自己睡在湿处。

“第六 哺乳养育恩”

儿子已学会步行，穿着开裆裤还贪婪地吮吸着母亲的乳汁。

“第七 洗濯不净恩”

母亲坐地正在洗儿子衣物，回首看着嬉戏的孩子，忘却了劳累。

“第八 为造恶业恩”

儿子结婚成亲了，宴会间母亲在屠夫的帮助下杀猪宰羊，为此种下杀生恶业。

“第九 远行忆念恩”

“儿行千里母担忧”，为了事业儿子打起行囊将远行，父母已变得年老，恋恋不舍地送行。

“第十 究竟怜悯恩”

父母已进入耄耋之年，步入老年的儿子跪在二亲前面表行孝之仪。“百岁惟忧八十儿”，父母此时还担忧着儿子，永远也放不下。

下层中部及左侧共刻铭文七则，右壁残存造像为阿鼻地狱图。图文其中强调，如果不能为父母持斋、持戒者，长大后不孝顺父母、品行恶劣者，好斗、饮酒惹恼父母者，终究堕入地狱，接受惩罚。图中受刑者共三人，第一人颈上戴枷锁，身下有毒蛇吐焰；第二人上身赤裸抚壁；第三人头顶火盆，痛苦地跪求狱卒，狱卒正向其灌食滚烫的洋铜。此等惨烈的场景，是对世人的警示和震慑。

与宝顶山父母恩重经变构图较为相近的是甘肃省博物馆藏宋代淳化二年（991）绘经变画，此幅上方也有七佛形象，但整体构图略有不同。其画面正中为说法场面，这一部分普遍见于唐宋时期父母恩重经变中，通常所占据画幅较大。但宝顶山中未有说法图，或限于石作不易，建造者在构图设计中选择将其省略，以造像的说理性为重，让一组组故事自己发声，也由此拉近了信众与佛理的距离。甘肃省博物馆藏的这幅经变画两侧也绘十五组父母生养恩重故事，最后还对孝子与娇子进行了褒和贬，特别是对孩子长大却与父母反目和弃养年老父母等情节的反面刻画，与宝顶山龛像中“知恩者少，负恩者多”的铭文异曲同工。

《父母恩重经》的传诵和相关造像的出现，与儒家文化关系紧密，体现了佛儒的融合。唐代高僧就曾言“儒佛皆宗之，其唯孝道矣”，孝道使二者联系愈加紧密。对“孝”的提倡更成为佛教增加信服力和感染力的重要部分，宋代更有僧人将其作为戒律之一，列入佛教的核心内容。父母恩重经变在宝顶山大佛湾中与大方便佛报恩经变相呼应，前者以母与子的关系为核心，突出母亲生育子女的诸多艰辛；后者则主要以父亲的角度，刻画了孩子感念父恩、报答父亲的种种事迹。两龛造像都以生动写实、简练明快的艺术手法完成了对佛教“孝道”和“报恩”思想的表现。

（张子荷）

悲悯济世

端严妙丽的千手观音

庄严妙丽，具慈悲性。手臂错出，开合捧执，指弹摩拊，千态具备。手各有目，无妄举者。

——（宋）苏轼《成都大悲阁记》

大足宝顶山大佛湾大悲阁第 8 龛造像，即是闻名遐迩的千手千眼观音，这尊像雕凿于南宋，距今八百年，仍然圣容灿灿、妙相庄严。观音像呈半圆形式，高 7.2 米，宽 12.5 米，占壁面积 88 平方米，是中国古代保存最完整、体量最宏大的摩崖千手观音像。

观音结跏趺坐于莲台，头戴花冠，上有 48 尊小佛，象征着阿弥陀佛“四十八大愿”。菩萨面容丰盈，低眉垂目，额间生出一只细眼。胸饰瓔珞，手腕戴镯。身后一双双千姿百态的纤手呈辐射状展开，宛若孔雀屏一样，观之令人眼花缭乱、心旌动摇。观音左右各立有两身胁侍像，左侧手执笏板的男性形象是婆薮仙，对应右侧着袍服、披霞帔的吉祥天女，此二神作

千手千眼观音像 宝顶山石窟第 8 龛（局部）

千手千眼观音像 宝顶山石窟第8龛

为胁侍通常出现在千手观音图像中。次之，左侧头顶猪头的是“毗那”，对应右侧头顶象头的是“夜迦”，二者被称为是“诸恶鬼王”，在此作为护法角色出现。左右下角各有一身胡跪人物，很不起眼，其中左侧者面黄肌瘦、衣衫褴褛，双手撑开一口袋，此即“贫儿”，正在接受观音施舍的钱币；右侧者瘦骨嶙峋、大头细脖，双手捧一饭钵，这是“饿鬼”，正在接受观音给予的甘露。

千手千眼观音最迷人的莫过于其身后一只只像盛开的兰花一样的纤手，过去一直认为有一千余只手，后在2008年进行保护性维修时统计出准确的数量是830只。这些手仿佛人的表情，各具情态，许多手中持有法器，有经卷、海螺、数珠等佛家道具，有宝剑、斧钺、弓箭等兵器，有笔砚、宝盒、腰鼓等民间物，有狮子、大象、鲤鱼等动物，有葡萄、莲花、石榴等植物，多达227件。每类法器成对出现，分别执持在左右两只或多只手中，象征了特定的佛法意义与信仰内涵。苏东坡在《成都大悲阁记》中这样描述千手观音：“庄严妙丽，具慈悲性。手臂错出，开合捧执。指弹摩拊，千态具备。手各有目，无妄举者。”

法器，又称为佛器、佛具、法具或道具，是用于供养诸佛、庄严道场、修证佛法等的资具，尤为密教所多用。

观音手中法器·宝顶山石窟第8龛（局部）

从功能上大体可以分为礼敬、称赞、供养、持验、护魔、劝导等类。千手观音手中所执法器在《千手千眼观世音菩萨大悲心陀罗尼》等经文中有所说明，但仅提及三十八种，宝顶山千手观音手中法器诸多不见经典记述，兹择要介绍如下。

佛器

法轮

法轮在佛教中表示佛说法。佛教诞生不久，尚未出现佛像，在表示如来说法的场景时以法轮替代。此处法轮出现在千手观音手中，当为不退转金轮，象征着修行者从现在身至佛身菩提心永不退转。

钵

钵为食器，佛教中钵也属法器，为佛、菩萨等所执。比如唐宋以来的药师像往往持有钵。此处观音执宝钵，意指身患有病者，可祈求托钵之手以解除病痛。

莲花

有红、紫、青、白色之分。莲花在佛教中表示净土与往生的象征。释迦太子降生后，下地走了七步，步步生莲，所以莲就成了他诞生的象征。佛国也指莲花所居之处，称“莲界”，佛经称“莲经”，佛座称“莲座”或“莲台”，佛寺称“莲宇”等。观音手中执不同颜色的莲花，代表着不同的意义。红色莲花表示可往生诸天宫，紫色莲花表示可面见十方一切诸佛，青色莲花表示可往生十方净土，白色莲花表示可获得种种功德。

数珠

又称念珠、佛珠，是念诵佛号时的计数工具，一般为一串珠，用材不一，粒数有十八、二十七、五十四、一百零八之分。《旧唐书·李辅国传》载："辅国不茹荤血，常为僧行，视事之隙，手持念珠，人皆信以为善。"千手观音手持数珠，表示十方诸佛速来授手之意。

宝珠

宝珠，又作如意宝、如意珠、末尼宝、无价宝珠、如意摩尼。指能如自己意愿，而变现出种种珍宝之宝珠。此宝珠尚有除病、去苦等功德。一般用以譬喻法与佛德，及表征经典之功德。

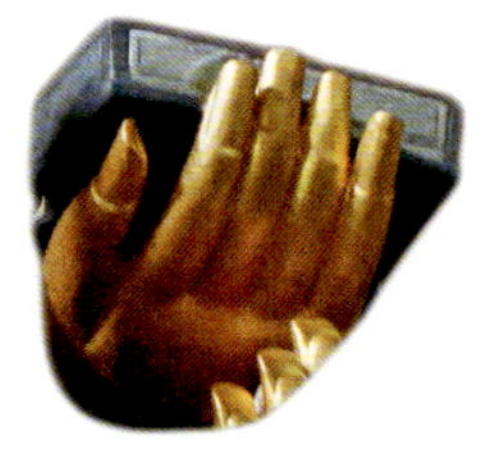

经册

佛教提倡"佛、法、僧"三宝信仰，其中"法"即指经典。信众若抄写、供奉、诵读佛经，均属功德无量之事，故为佛家所倡导。观音手执经册类器物，表示能够赐予大众广闻多学之能。

剑

剑为古代兵器之一，属于“短兵”，素有“百兵之君”的美称。在佛教中剑被赋予能够降伏一切魑魅魍魉鬼怪之法力。

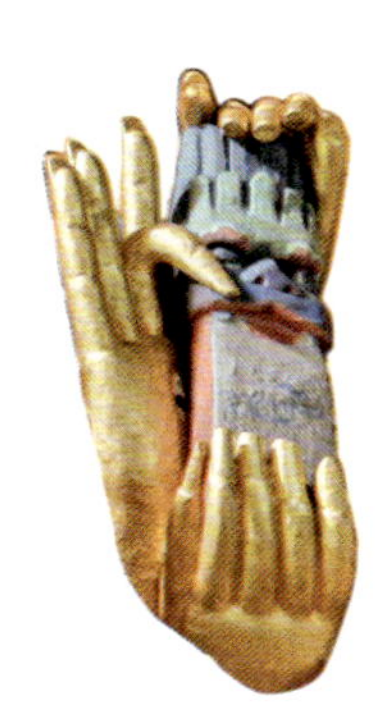

傍牌

又称旁牌、盾牌，是古代作战时一种手持格挡，用以掩蔽身体，抵御敌方兵刃、矢石等兵器进攻的防御性兵械，呈长方形或圆形，尺寸不等。千手观音执持傍牌之手有预防一切虎狼豺豹诸恶兽的袭击之功能。

斧钺

是用来劈砍的长兵器，刃部宽阔，呈半月形，更多地用作礼兵器。经云：“若为一切时处好离官难者，当于斧钺手。”

锏

古代一种短兵器，以铜或铁制成，形似硬鞭，但锏身无节，锏端无尖。锏体四棱无刃，断面呈方形，有槽，故有“凹面锏”之称。大小长短可因人而异，多双锏合用，利于步战。在佛教中锏被赋予具有降伏一切天魔神之法力。

拍板

打击乐器的一种，也称檀板、绰板。用坚木数片，以绳串联，用以击节。唐宋时拍板为六或九片，以两手合击发音。本尊观音手中所执为六片拍板。

鼓

鼓是我国传统的打击乐器，在远古马家窑文化时期就已有陶土做成的鼓。由于鼓有良好的共鸣作用，声音激越雄壮而传声很远，所以很早就被华夏祖先作为军队助威之用。相传黄帝征服蚩尤的涿鹿之战中，“黄帝杀夔，以其皮为鼓，声闻五百”。鼓的种类较多，大小不等，形态各异。此处观音所执为细腰鼓，形似朝鲜杖鼓。

法螺

一种贝壳，螺旋状结构，能够吹出洪亮的声音。是佛教“八宝”之一，也是做法事时使用的一种乐器，用来比喻佛之说法犹如螺声之远扬而广被大众。

乐器在千手观音手中是成就一切上妙梵音声之象征。

拂尘

又称尘拂、拂子、麈尾等，是一种于手柄前端附上兽毛、羽毛或丝状麻布的工具或器物，一般用作扫除尘迹或驱赶蚊蝇之用。在道教文化中，拂尘是道士常用的器物，一些武术流派更视拂尘为一种武器。在佛教中，象征着可以扫去身上恶障难。

宝盆

用来收藏各类珍宝的器具，往往作为财富的象征为民间所喜爱。元方夔《七夕织女歌》有诵："重来指点昔游处，香奁宝箧虫丝满。"观音手执宝箧、宝盒及宝盆等，表示可以给予财富以及使拥有珍宝的人安宁无恙。

葡萄

在我国民间，葡萄、石榴等表示多子、多福以及五谷丰登的象征，故以图案形式常见于家具、衣饰、建筑等上面。《千手千眼观世音菩萨广大圆满无碍大悲心陀罗尼经》中云："若为果蓏诸谷稼者，当于蒲萄手。"

另外，还有毛笔、玉环、绣球、蒲扇、灯烛、提篮等，这些器物在中国民间被赋予美好吉祥的寓意，出现在观音手中，在于将民俗文化与佛教意涵有机结合起来，是佛教世俗化的一种体现。

其他

佛像

在主尊头顶正上方，四手捧单体趺坐佛像1尊。根据经典说明，顶上化佛，表示十方诸佛速来摩顶授记之寓意。另外在画面上部还出现单体佛7尊，是生生之处不离诸佛边的象征。

塔

塔，又称浮图，源于古印度的窣堵波，最初用于埋葬佛祖舍利的一种建筑。随着佛教在中国的传播，窣堵波与中土的重楼结合后，逐步形成了楼阁式、密檐式、亭阁式、覆钵式等形态结构各异的塔系。大足北山多宝塔、宝顶倒塔、经目塔等属宋代佛塔案例。

宫殿

在佛教中，宫殿表示生生世世常在佛宫殿中，不处胎藏中受身之意义。

日、月

日月作为一种天象出现在观音手中分别表示两种寓意：执日手可为眼暗目盲者带去光明；执月手可为患热毒病者带去清凉。

其他

圣火

火在人类历史进程中有着划时代的意义，远古人类因为发明火而走向文明征程。故，火被奉为圣神，历来被各民族祖先所崇拜，以致形成“拜火教”。如中国史称“祆教”的古代波斯帝国的国教“琐罗亚斯德教”，是流行于波斯及中亚等地的宗教，该教是基督教诞生之前西亚最有影响的宗教，曾被伊斯兰教徒称为“拜火教”。在佛教艺术中，火焰纹作为一种吉祥的图案多绘于佛、菩萨头部及身光中。观音手执火焰，象征着光明与圣洁。

狮子、大象

在佛教中，狮子通常为文殊菩萨坐骑，大象为普贤菩萨坐骑。狮子威猛的性格，可以震慑百兽，因此佛教借狮子象征佛法无边，外道难侵。佛被称为“人中师子”（佛经上“狮”多作“师”），其说法被誉为“狮子吼”。如释迦牟尼佛初诞生时，一手指天，一手指地，作狮子吼：“天上地下，唯我独尊。”《普曜经·论降神品》云：“譬如狮子吼，诸小虫怖惧，畅佛狮子吼，降伏外异学。”大象以庞大的体格著称，印度多大象，古时候被训练用于坐骑，亦用于战争。佛教以大象为吉祥物，如《佛传》中有太子乘六牙白象入胎之故事等。

观音信仰作为大乘佛教体系中一种普遍的菩萨信仰，自两汉时期随着印度佛教文化传入中国后，快速流传开来，经过长期的融合、演变，逐渐成为中国佛教史上最流行的四大菩萨（观音、地藏、文殊、普贤）之一。隋唐时期是中国佛教发展的鼎盛时期，尤其随着净土信仰的普及，民间出现了“家家阿弥陀，户户观世音”的信仰盛况。同时，民间出于各种诉求创造出形形色色的观音，如净瓶观音、送子观音、玉兰观音、如意观音、玉印观音、水月观音等，密教中还出现多臂多面的观音，如六臂的日月观音、不空羂索观音、如意轮观音、十一面观音、千手观音等。大足北山石窟因为观音数量之多而被誉为“观音陈列馆”。观音不仅得到了中国百姓的青睐，而且深受韩国、日本等东亚各国信众的崇拜，被称为是“半个亚洲的信仰”。

（米德昉）

十 炼苦行

民间信仰中的柳本尊

假使热铁轮，于我顶上悬；
终不以此苦，退失菩提心。
——宝顶山偈颂

南宋孝宗淳熙间（1174—1189），四川盆地东部以大足与安岳二县为中心的区域内，民间兴起对唐末神格化人物“柳本尊”的崇拜。各地建祠立庵、营窟造像，十多年间出现大小石窟寺道场十余所，由此发展成一种以柳本尊信仰为标志的民间佛教。南宋覆亡后，因受社会转型、人口消减、经济衰退等因素影响，此教随之沉寂。

柳本尊，名居直，晚唐时期四川嘉州（今乐山市）人。据宋人立《唐柳本尊传》碑记载，柳氏非普通人所生，而是诞生于一柳瘿，后为当地人收养，以“柳”为姓。成年以后专习瑜伽密法，数年后修成。柳本尊在修行过程中常采以燃指、炼顶、割耳、断臂等极端方式，又加上诸多神通事迹，

柳本尊像 宝顶山石窟第21龛（局部）

民间信众视其为毗卢佛再世，称之“柳本尊”。

唐末黄巢离乱之际，柳本尊行道于川西成都、弥牟一带。其间为民众治病消灾、救苦解难诸善举，深得蜀人膜拜，信徒多施舍自家住宅建为其道场。当时蜀主王建得知柳本尊事迹，大为叹服，遂为其道场封额“大轮院”。天祐四年（907）柳氏“坐灭”，享年六十四。

南宋时期四川东部以大足和安岳为主的地区逐渐兴起对柳本尊的信仰，其中大足僧人赵智凤更是推崇，清苦数十载创建了宝顶山道场，在此为柳本尊树碑立传、造立尊像，竭力倡宣其法旨。宝顶山大佛湾北崖最东端巨大的经变式画面“柳本尊十炼图”即是赵智凤之杰作。

作为表现柳本尊化道始末的“十炼图”，现存三铺分别见于宝顶山大、小佛湾与安岳毗卢洞。比较三者内容与形式，大佛湾与毗卢洞大同小异，皆属图文并茂形式；小佛湾算是简略版，没有画面内容题记。整体构图以柳本尊“十炼”内容为中心展开，配置有五佛四菩萨、明王护法、信徒胁侍等，明显效仿了佛教经变格式。

柳本尊十炼图 宝顶山石窟第 21 龛（局部）

大佛湾“十炼图”阵容与规模在三者中最巨，画面高 14.6 米，宽 24.8 米，占壁 362 平方米，是整个宝顶山最大的一铺经变式造像。整体内容分四层布局，兹以自上而下顺序观之：

上层一排为五佛四菩萨，均跏趺坐于月轮龛中。中央为毗卢遮那佛，戴冠，结拱手式印。毗卢佛左右各两尊佛，分别结说法、禅定等不同印契。

第五剜耳
第三煉踝
第一煉指

柳本尊十炼图右侧造像 宝顶山石窟第 21 龛（局部）

五佛外层左右各二身菩萨，均戴花鬘冠，璎珞严身，外着袈裟，除了左侧一身菩萨手执绳索外，其余皆双手于胸前结印。龛顶题“唐瑜伽部主总持王”八字封号及“风调雨顺，国泰民安”“佛日光辉，法轮常转”等标语。

第二、三层中央趺坐柳本尊，坐像高达5.2米，占据了整个画面的视觉中心。柳氏跏趺坐于莲座，头戴高装巾子，身着交领袍服，腰间系带；面容饱满，蓄山羊胡；其右眼微闭，左耳垂残，左臂不存，衣袖空垂至膝前，右手于胸前伸二指（食指与中指）作说法状，腕戴素面镯。巾子正面有尊小毗卢佛像，坐于一朵祥云托起的莲座，代表着柳本尊由毗卢佛所化的图像寓意。

柳本尊左右第二层一排表现的是其“十炼”内容，即“炼指”“立雪”“炼踝”“剜眼”“割耳”“炼心”“炼顶”“舍臂”“炼阴”“炼膝”，对称式分布在主尊像两侧。按照由外到内、一左一右的顺序排列，即右侧一、三、五、七、九“炼”，左侧二、四、六、八、十“炼”，每“炼”都附有详尽的题记。

第一“炼指”，人物趺坐，左手伸二指于胸前，右手禅定印相。下方题记中云：“本尊教主于光启二年偶见人多疫疾，教主悯之，遂盟于佛，持咒灭之。在本宅道场中炼左手第二指一节供养诸佛，誓救苦恼众生。”

第二“立雪”，人物合掌趺坐，不戴冠、卷发。身侧立普贤菩萨前来作证。题记中云：“本尊教主于光启二年十一月，挈家游峨眉山，瞻礼普贤光相，时遇大雪弥漫，千山皓白。十三日将身向胜峰顶，大雪中凝然端坐，以表释迦文佛雪山六年修行成道。感普贤菩萨现身证明。”

第三“炼踝”，人物合掌趺坐，两脚踝处分别刻出腾起的火焰。左右各立二身天王。题记云：“于天福二年正月十八日，本尊将檀香一两为一炷于左脚踝上烧炼供养诸佛，愿共一切众生，举足、下足皆遇道场，永不践邪谄之地。感四天王为作证明。”

第四“剜眼”，人物趺坐，右手执刀，左手将所剜眼珠递入身侧侍者的托盘中。身侧立金刚藏菩萨。题记云：“汉州刺史赵君差人来请眼睛，诈云用作药剂，欲试可。本尊心已先知。人至，将戒刀便剜付与，殊无难色。感金刚藏菩萨顶上现身。”

第五“割耳”，人物趺坐，右手执刀正在割左耳，身侧立浮丘大圣前来作证。题记云：“本尊贤圣令徒弟住弥牟，躬往金堂金水行化救病，经历诸处，亲往戒敕。诸民钦仰，皆归正教。于天福四年二月十五日午时割耳供养诸佛。感浮丘大圣顶上现身以为证明。”

第六“炼心”，人物仰卧于榻，上身赤裸，胸口处一撮腾起的火焰，身侧立八臂大轮明王。题记云：“本尊贤圣于天福五年七月三日，以香腊烛一条炼心供养诸佛，发菩提心，广大如法界，究竟如虚空，令一切众生永断烦恼。感大轮明王现身证明。”

第七“炼顶”，人物合掌趺坐，不戴冠，头顶处腾起一撮火焰，身侧立文殊菩萨。题记云：“本尊贤圣于天福五年七月十五日，本尊以五香捍就一条腊烛，端坐炼顶，效释迦佛鹊巢顶相，大光明王舍头布施，感文殊

第十煉膝

柳本尊十炼图左侧造像 宝顶山石窟第 21 龛（局部）

菩萨顶上现身为作证明。”

第八“舍臂”，人物右手执刀正在砍左臂状，身侧出现各色乐器。题记云：“本尊教主于天福五年，在成都玉津坊道场内截下一只左臂，经四十八刀方断。刀刀发愿，誓救众生，以应阿弥陀佛四十八愿。顶上百千天乐不鼓自鸣。”

第九“炼阴”，人物仰卧，阴部腾起一撮火焰，上部现一华盖。题记云：“本尊用腊布裹阴，经一昼夜烧炼，以示绝欲。感天降七宝盖，祥云瑞雾捧拥而来。”

第十“炼膝”，人物趺坐，左臂不存，衣袖覆搭于膝盖前，右手举于胸前执一佛珠（现已断），身侧立弥勒佛。题记云：“（本尊）于天福六年正月十八日将印香烧炼两膝供养诸佛，发愿与一切众生龙华三会，同得相见。”

第三层安排的是柳本尊的胁侍及信徒群体，成一排立于柳氏左右。其中贴近二身为其胁侍，均着交领袍服，留披肩发。左侧者端方盘，内盛放柳本尊割下的手臂；右侧者也端方盘，内盛放经册和耳朵。二侍者额间化出一祥云，上趺坐一佛。二侍者向外依次过去，左右分别是一位文官装束人物，戴展脚幞头，手执笏板；次之各为一武将，着铠甲，手执剑；再次之，左右人物在装束、数量上不再对称，左侧四人，右侧七人，在装束上有披发侍者、武士、儒生、文官、童子等。各色人物立于云朵中。

第四层为一排明王像，共十躯，仅雕出半身，三头六臂，手执形形色色的法器，个个面容狰狞，怒发冲冠状。遗憾的是这些明王像属半成品，尚未完全雕完，许多部位还是粗砺的石坯。即便如此，这些满身刀痕、粗成状貌的明王形象已经透出生机勃勃、英气袭人的神韵，不得不慨叹艺匠在塑造宗教神祇方面高超的造型能力和娴熟的镌刻技艺。

“十炼图”以图文并茂的形式将柳本尊行化事迹淋漓尽致地刻画出来，充分体现了柳本尊佛教组织“设像行道”的弘教理念。同时，“十炼图”的诞生，是这一教派在图像体系的建构上所取得的杰出成就，折射出组织者的卓越智慧和创新能力。

（米德昉）

石篆山石窟（局部）

石篆山、石门山、南山石窟

石篆山石窟，由北宋时期当地庄园主严逊出钱买地，请当时著名的文氏家族工匠营建而成，先后历时十余年，共造像十四龛，分布在相邻的三处山岩上。这是我国现存最早的一座儒、释、道三教合祀的石窟寺。

石门山石窟，始建于北宋，南宋时期完工，清代有少量续刻。这里佛道并祀，南宋时期鄷柽《纪行诗》碑描述此山：『像无定刻，或仙或释，或诸鬼神，千百变见，混为一区。』

南山石窟，与北山石窟隔城相望，这里是一处完全的道教石窟寺，其中三清古洞完整地呈现了中国道教以『三清六御』为主的神祇体系，堪称仅存案例。

三处石窟艺术无疑是佛教中国化的典型案例，其所蕴含的宗教、历史和艺术内涵，对于我们今天弘扬中华传统文化具有重要的意义。

石门山石窟（局部）

南山石窟（局部）

仁者风范

孔圣与十哲

圣人道大能亦博，学者所得皆秋毫；
虽传古未有孔子，蠛蠓何足知天高；
桓魋武叔不量力，欲挠一草摇蟠桃；
颜回已自不可测，至死钻仰忘身劳。
——（宋）王安石《孔子》

石篆山孔子龛开凿于北宋元祐三年（1088），是中国石窟中唯一一座独立成龛的孔子与十哲像。

孔子正襟危坐，额头宽阔、下颌方正，头束发髻，着翻领内衣与交领宽袖外衣，左手抚膝，右手握羽扇，双脚踏几，智者形象曲尽其妙。龛壁题“至圣文宣王”。此名源自宋朝官方加封谥号，初为“玄圣文宣王”，后为避赵始祖“玄郎”名讳，改为“至圣文宣王”。

孔子左右镌十哲像，立姿，左右各置五身，

孔子与十哲 石篆山石窟第6龛（局部）

形象变化不大，多体现在须髯等细节上。根据其旁题刻可知，左壁从内至外依次为颜回、闵损、冉有、言偃、端木赐，右壁为仲由、冉耕、宰我、冉求、卜商。龛外立有护法神两身。

孔子为春秋先哲，“仁”是其思想的核心内涵之一，也是儒家文化的精髓。“仁”的实质是“爱人”，与佛教思想有所契合。汉代纬书一类已通过神教式的宣传将孔子推向神人之列，在民间经过长时间的流传，至唐宋时期，民众对其崇信程度已相当高，对于孔子的祭祀与崇拜活动也随之增多，认识和解构也更趋于神化，甚至有“儒教”之说。

唐宋两代众多高僧为护教正法，在前代基础上进一步融合儒、道思想，统治者也提倡三教的融合以适应政治需要。如敦煌唐代写本《降魔变文》中有载：“伏惟我大唐汉圣主开元天宝圣文神武应道皇帝陛下……加以化治之馀，每弘扬于三教，或以探寻儒道，尽性穷源，批注释宗，句深相远，圣恩与海泉俱涌，天开与日月齐明，道教由是重兴，佛日因兹重曜。”宋代“三教合流”程度进一步加深，三教同龛、三教连通造像蔚然成风。与此同时，历代统治者都将儒学作为治国之学，宋代更甚。从孔子尊号及其与弟子冕服的变化可以看到孔子地位的提升，如宋真宗大中祥符年间，诏加孔子冕服，加谥号，建祀庙，并作赞文，追封其七十二弟子。宋徽宗时期尊孔子为先师，十哲从祀。孔子与佛教释迦牟尼、道教老子并举，成为宗教偶像式的人物，来满足民众希望智慧超群、满腹经纶的实用性崇拜需求。及至现代社会，考生求拜夫子庙的习俗仍旧存在。

孔子像 石篆山石窟第6龛（局部）

对民众来说，他们并不深究这些偶像背后的义理与思想，虽然宋代整体文化下沉，雕版印刷的普及让知识更易获得，平民阶层有机会接触到曾经被特权阶级垄断的部分文化。诸多经典被拆解并重新编写成更便于理解的简易版，儒家学说与孔圣故事传播给更下层的民众，佛教活动也借由变文和俗讲扩大影响力。但此过程中，能够知其然又知其所以然的民众数量有限，实用主义仍是民众信仰的主导力量。三教在民众心中并未有根本的对立，他们关注的是通过信仰和崇拜这些偶像可以得到什么赐福与慰藉，石篆山也是典型的三教合流石窟。

孔子的形象在千百年间的文献资料与图像遗存中反复出现，早期《庄子·外物》中记其“修上而趋下，末偻而后耳”。《史记》中孔子身长九尺六寸，大家都对此感到惊异，且“生而首上圩顶，故因名曰丘云”。各类文献中对孔子外形的描述各不相同，但都有一个共性——“异相”，突出孔子非凡非俗的形象，高大又略微佝偻，额头宽阔，中间有凹陷，四周高起，这也作为历代孔子像中的突出特征广为流传。在孔子神化的过程中，也有将其形象描述为“立如凤峙，坐如龙墩”，有“虎掌”“龟脊”等，不过这些极少体现在图像上，或未进入主流认识。自汉代至明清，在画像石、壁画、卷轴画、雕塑等遗存中，“孔子见老子”“孔子击磬”的主题较为多见。宋代孔子图像更加丰富，著名画家高克明的《三教会棋图》与人物画名家李公麟的《三教图》《孔子七十二弟子像》等反映三教合流及孔子与弟子的图像不在少数。南宋时期，山东曲阜与浙江杭州孔庙中还有《孔子凭几坐像》刻石，此类图像中孔子身旁多立有十哲。石篆山此龛也为孔子坐像，十哲伴其旁，但与传统孔子像中双手交握的儒者形象有所区别，飞舞的巾带更有意气风发之感，俨然王者形象。

（张子荷）

道者仪态

老君与真人

天覆地载如洪炉，万物死生同一涂；
其中松柏与龟鹤，得年稍久终摧枯；
借令真有蓬莱山，未免亦居天地间；
君不见太上老君头似雪，世人浪说驻童颜。
——（宋）司马光《示道人》

石篆山是中国现存最早的一处儒、释、道三教合祀的石窟寺，也是中国为数不多的一座经统一规划设计的石窟寺，其中以佛、道、儒三教之神为主祀像，反映宋代以来三教合一思想在民间社会的渗透。三教造像在空间布局上，佛居中，道居左，儒居右，体现了佛为尊，道次之，儒再次之的信仰观念。北朝时期处士李士谦论三教曰："儒五星也，道月也，佛日也，能达此意则三教之位定。"可见这种尊卑观念很早以前就已出现，在宋代寺院三教像设置中基本形成定式。《佛祖统纪》中载："旧来僧居多设三教像，遂为院额殿名。释迦居中，老君居左，孔圣居右。"川东地区的宋代造像中，三教尊神坐位排序基本延续了这一传统。

老君与真人 石篆山石窟第8龛

窟主严逊当时请到著名的文氏家族工匠承担镌作任务。根据宋僧希昼书《严逊碑》记载，严逊发功德造像 14 龛，其中道教造像有两龛，一是太上老君龛，二是药王孙真人龛。大足石刻的道教造像，主要集中在南宋时期，这也是大足石刻造像最繁荣的阶段。而北宋时期的大足石刻道教造像，正是石篆山第 8 号太上老君龛。整龛造像保存较完整，据残存铭文可知，该龛造像刻于元丰六年（1083），龛内中心主像为太上老君，左右各雕刻真人、法师像七尊。

太上老君头戴莲花发冠，脸型长圆，神情端和，双眼微闭，眼神略微向下。双耳肥厚，美髯呈倒扇形垂至胸前，线条极为圆润。老君内着翻领窄袖，外穿交领宽袖袍，右手执一扇放于胸前，左手扶在胸前的凭几上。凭几又称为挟轼、凭轼、夹膝等，是一种过去置于坐床用来倚靠的家具。其面平直，坐的时候可以放置身前或在身侧凭靠休息。老君双腿盘坐，手靠凭几，整体呈现一副闲逸悠然的仙风道骨姿态。丰颐的双颊、肥厚的耳垂以及略显丰厚的身躯，都体现出浓郁的中国本土特色。老君坐台中刻壶门，壶门外雕云纹，内刻浮雕雄狮一头。

以老君主像为中心，左右各对称分布七尊造像，身量相似，装束相近，皆束发冠，着翻领宽袖长服，双手执笏板。从内到外，除左、右第一尊为法师像，其余各尊皆为真人像。左第一尊法师像头部左侧刻“玄中大法师”，右一像同样在头部左侧刻“三天大法师”五字。根据石壁现存可见的铭文得知，左侧六位真人像从内到外第二、四、五身依次是：太极真人、妙光真人和普得真人。右侧第二、四、五、六身分别是：太乙真人、定光真人、妙行真人及正一真人。其余真人像字体漫漶。此外，龛窟外侧石壁上，还各刻有护法像一尊，护法神情严肃，身形威武。左护法双手持一段棍于胸前，右护法则在胸前双手持斧，头部题刻“虎将军”。二护法皆身着铁甲，面貌威严，气势十足。

道教是源自中国本土思想发展而成的宗教，在其漫长的发展历史中，老子从道家哲学学派创始人到宗教教祖的身份转变是一个极为有趣的话题。国学经典《道德经》集中体现了老子思想的本质，道本无形，却又是宇宙万物运转的根源。老子在《道德经》中通篇讲道，却又没说明“道”为何物，这对当时的文人来说都难以达成共识，更别提受教育程度有限的普罗大众，自然更是觉得其艰涩难懂，显得神秘万分。此外，老子本身的形象同样带有神秘性。庄子描述老子外貌称“慹然似非人”。晋代葛洪在《抱朴子·内篇·杂应》中描述老子“身长九尺，黄色，鸟喙，隆鼻，秀眉长五寸，耳长七寸，额有三理上下彻，足有八卦，以神龟为床”。诸如此类带有奇异特性的外貌描写流传于世，丰满了大众心中老子的神异形象。

老子的另一重神秘性还在于他的身份。由于资料较少，语焉不详，考证老子的生平事迹似乎显得尤为困难，这也为后人书写老子行迹以造神创圣，留下了大量的空白空间。老子出函谷关的传说就是一例。据说老子久居周朝后，认为周气数已尽，大厦将倾，便决定离开居住已久的地方。到了函谷关，关令尹喜见老子即将隐世而去，希望老子能留下著作，才有了

《道德经》这一经典之作传世。《史记·老庄申韩列传》中记载了此段历史，但至于老子的去向，《史记》却一反司马迁人物传记翔实的记叙风格，只说："言道德之意五千余言而去，莫知所终。"或许正是因为连司马迁这样严谨的史学家都只给出了一个"莫知所终"的答案，后世之人便为这意犹未尽的结局书写着各自的答案。在方术兴起后的西汉末年，刘向借用这段《史记》资料将老子列入神仙系统，在他的《列仙传》中将老子的生年提前到殷，称"老子生于殷……二百余年时称为隐君子，谥曰聃"。两汉时期，佛教传入的背景下，更有"老子化胡"说，认为老子并非避世，而是带着自己的思想智慧托身入印度，化为佛家祖师，教化胡人。唐《史记索引》中，司马贞索性改写了原文顺序，称关令尹喜"望见有紫气浮关"，而后果然看见老子骑着青牛过关。寥寥几语，尽显老子世外悠然的形象。紫气在中国传统中一直是祥瑞、圣贤之兆，司马贞此处用紫气一词更是强调了老子在民间大众心中不仅是哲学大家，更是道教至尊神之一，具有非凡的神异之处。

如果说上述是在经典中窥见古人对老子形象的解读，那么道教的发展，或许也正合老子神化的过程。

东汉时期，张陵借老子之名创立天师道，俗称五斗米道。张陵声称老子传三洞经典、符录法印、丹方秘药，尊老子为教主。不过当时尊崇老子"道本无形"的思想，并未造像。魏晋南北朝时期，道教开始对神仙谱系进行大量的创造和整理。陶弘景所作《洞玄灵宝真灵位业图》在其中占据重要地位，此书对当时庞大杂乱的道教神仙进行了谱系整理，出现了道教神仙系统位阶上的首次统一排序。前四级别分别是玉清元始天尊、玉晨玄皇大道君、太极金阙帝君及太清太上老君。此时老君地位下降，元始天尊则成为至高神。书中记载，太极金阙帝君俗姓李，曾下界任一教之主，而老子则位列三、四阶仙班之中。可见，虽然陶弘景并未将老子本人与道教至高神联系在一起，但从太极金阙帝君的介绍中也能看出此时无论是在道教内部还是世俗受众之间，老子都占据着一定的地位。到了南北朝末期，太极金阙帝君及太清太上老君逐渐合为一身，道教中“三清尊神”的至高神格在此时期初具规格。唐时，李唐王室对道教极为推崇，老子的地位随即也有了大幅上升，更被加封为“圣祖大道玄元皇帝”。在造像上常见天尊、老君并列的模式。到宋代，三清六御的最高神模式已经得到广泛确立，在石刻造像中除“三清”外，也常见老君的单独龛窟。大足石刻石篆山老君龛正是当时这种信仰广泛确立的实际例证。

正因老子与道家密不可分的关系，后世之人才托老子这位学派宗师入圣，而宗教教派的宣传，更加确立了老子的神圣地位。各类传说的流传，也让老子的神圣形象在大众心中愈加丰满。在道家受到佛教影响开造像之风后，老子这位被尊为“三清”至高神之一的道家创始人，自然也就随着造像运动，深入山林街巷，成为中国本土宗教信仰以及传统文化中不可或缺的典型代表。

（余尧玉竹）

独行绝侣

行道高僧释宝志

一据独龙冈，三朝扬圣化；
擘破老面皮，索尽辽天价；
当时误杀张僧繇，谁料而今转更遥；
描不成，画不就，三个骰儿抛十九；
一段风光何处有，曲尺翦刀并扫箒。
——（宋）释慧远《志公和尚赞》

宝志（418—514），一作保志，是中国历史上的著名高僧，主要活动于南朝时期，受到梁武帝的器重，尊称为“志公”。关于宝志生平的介绍相对真实可信的，应该是同时代陆倕所做《志法师墓志铭》以及成书于宝志死后五十年的《高僧传》。根据此二文记载，宝志俗姓朱，金城（今兰州）人。少时出家道林寺，师从僧俭，修习禅业。前半生声名不显，直到五六十岁时，才“稍显灵迹”引起人们的注意。时宝志居止无定，饮食无时，

志公 石篆山石窟第 2 龛

志公像 石篆山石窟第2龛（局部）

手中常执一锡杖，杖头挂剪刀、镜、扫帚等。行事古怪不羁，虽是沙门弟子，却常征索酒肴，又散发数寸，跣足执杖，行走于街巷。

梁武帝对宝志极为推崇，即位后下诏曰："志公迹拘尘垢，神游冥寂，水火不能燋濡，蛇虎不能侵惧，语其佛理则声闻以上，谈其隐伦则遁仙高者，岂得以俗士常情，空相拘制。何其鄙陋一至于此，自今行来随意出入

勿得复禁。”自此准许宝志随意进出禁中。梁天监十三年（514）宝志圆寂，梁武帝将其厚葬于钟山。

大足石篆山第2龛的宝志像，最初被误认为是鲁班。龛内宝志像非常见的坐像，而是行走状，身后跟随一弟子。宝志方脸阔口，下颔无须，面貌端和，略带微笑。头戴风帽，内穿交领窄袖，外着交领宽袖，胸口及腹下系带，垂至小腿处。脚上着高腰鞋子，系绑带。头部微倾向左侧，左手执一直角尺，腕挂一把剪刀，右手屈肘伸二指，指向右侧弟子；双脚皆向左作前行状，似是正在路途中与弟子说笑、讲理。弟子短发，方面，浓眉鼓眼，头向左略微上抬，望着宝志，神情专注，好似正在聆听师父的谆谆教诲。其身着圆领窄袖长衫，腰间系带，脚上穿草鞋，双手屈肘举着一根长杖，仗左侧系一带，带上悬挂一方斗、一悬称，称杆垂直向下，旁边还悬一秤砣，杖右侧则悬挂一扫把。

龛壁中央方框题刻《志公药方》并宝志神貌异采的偈颂一则，末尾署款“岳阳文惟简镌乙丑岁记”，即北宋元丰八年（1085），文惟简是当时石篆山的镌造工匠。目前文字多有漫漶，《药方》全文如下：

梁武帝问志公和尚曰：“世间有不失人身药方否？”公曰：“有方，使不嗔心一具，常欢喜二两，慈悲行三寸，忍辱根四橛，善方便五两，善知识六分，除烦恼七颗；右件药七味并于平等砧上将智惠刀细剉入三昧火炖，无碍臼中金刚杵捣炼，六波罗密为丸，如菩萨子大早朝以八功德水下七丸，忌三恶贪嗔痴。”

该《药方》又见于宋代子昇录《禅门诸祖师偈颂》，内容大同小异。

大足地区还有数例宝志造像，如位于北山佛湾中段崖壁的第 177 窟，开凿于北宋靖康元年（1126），正值北宋灭亡之际。龛内造僧伽、宝志和万回三圣僧坐像，僧伽居中，左右分别坐宝志、万回。宝志倚坐于方台，脚踩踏几，双眉微蹙，眼眶凹陷，嘴角向下，面容略显忧虑；头戴风帽，内穿交领长衫，外披袈裟；右手举于胸前，左手执杖，悬挂剪刀、曲尺、扫帚等物，一小鼠逗留杖头，颇具情态。另有大足珠溪镇佛安桥石窟，由南宋古氏家族为主舍资镌修，其中一座窟正壁为释迦、老子、孔子三教尊神，左右壁列坐十八罗汉及神僧，属于典型的三教合祀性质。众罗汉中夹杂了一身宝志像，披帽趺坐，面部沟壑纵横，虽略有残毁，仍能看出笑容满面的神情。身左侧立一杖，上挂剪刀、扫帚等物品。

志公像 北山石窟第 177 窟（局部）

据载，宝志最先引起人们注意是因为他形貌不羁，锡杖上常悬挂怪异物件。关于锡杖上所挂之物，历史上曾有过多次变化。最早陆倕所做墓志铭中只见“负杖挟镜”，到《高僧传》时，杖头已经垂挂“剪刀及镜或挂一两匹帛”。唐李延寿所著《南史》中是“恒以镜铜剪刀镊属挂杖负之而趋”。不过，唐及之前的经典仅是在杖头悬挂物上做文章，通过外化的怪异形象，将个人外表的奇特与神通的强大联系起来，以强化宝志能神通显形的社会认同。至明代，不仅器物种类有所增长，学者对各器物代表的意义也作出解读，《金陵琐事》记载：“杖上悬尺者，梁也。拂者，陈也。剪者，齐也。镜者，大明也。”再次对宝志善作预言的神异形象加以巩固。可见宝志的神异被历代所关注，加之其身的各种细节解读，更丰富了其预言灵验、以教众生的神僧角色构建。

大足石篆山宝志造像，人像雕刻神色生动，衣物细节精细。志公腰间飘带缠绕而下，尾端略微向上，似是因为人走动而随风飘动。志公带笑轻松的神情，随意伸出的手指，仿若将经典记载中那位放达不羁的高僧定格在崖壁之上。通过师徒二像神情间的互动，观者仿佛真的看到，曾有一高僧，神异通达，造诣精深，行走于山野街市，扬理弘教，解惑众生。

（余尧玉竹）

梵相慈颜

接物利生十圣观音

眉横纤黛，如海门之秋月初弯；
目绀重瞳，似水面之青莲乍秀。
齿排珂玉，舌莹紫檀，丹珠一点艳频婆。
——《观音大士赞》（节选）

石门山第 6 窟原名“十圣观音洞”，该窟完成于南宋绍兴六年至十一年间（1136—1141），由信士岑忠用发起，当地诸多信众合资而建。窟内造像保存完好，刻画精美，是两宋雕塑史上的杰出代表之一。尤其十尊身姿优雅、面容清丽的观音，在造型艺术及雕刻手法上冠绝古今。

此窟为方形平顶窟，三壁造像。正壁以无量寿佛为中心，左侧为观世音菩萨，右侧为大势至菩萨。无量寿佛面方而圆，发顶髻珠发出四道毫光交缠贯穿整个窟顶，双手胸前结印，趺坐于莲座上，莲座束腰部分有盘龙衔珠。观音菩萨与大势至菩萨面部特征相近，座台基本一致，其束腰部分为两只托举状的蹲狮。二者冠饰及持物有别，观音菩萨冠上刻一化佛，右手持莲梗；大势至菩萨冠上有一宝瓶，右手握如意。正壁左右角落位置各刻男、女供养人像一身，根据题记得知，二人为该窟“化首”岑忠用夫妇。

左右两壁分别有五身观音像，各自立于双莲台上，莲台下有一水罐，双莲由此生出。观音均头戴花鬘冠，冠上有化佛，镂空的设计与珠串的排布繁丽文雅，冠带自然垂下至臂弯，或梳髻或垂发。观音面容清丽、弯眉细眼，颈部有三道肉褶，皆呈站立状，身姿略有变化。配饰华丽、珠串琳琅，皆下着裙装。其中左壁五身着佛衣，右壁则上身赤裸仅有披巾。观音背后均有边饰火焰纹的圆形头光及较大的椭圆形背光。十尊观音的持物与手印各不相同，左壁观音由内至外所持之物与手印分别为：第一尊左手握念珠，右手握净瓶；第二尊左手曲胸前结印，右手提宝篮；第三尊左手捻巾带，右手托经函；第四尊左手执长柄扇，右手自然垂下作接引状；第五尊左手托钵，右手持柳枝。右壁观音像手部残损较为严重，持物可辨宝镜、莲花、念珠等。结合其持物及头光左侧碑中刻名，可依次识别为：左壁宝瓶手观音、宝篮手观音、宝经手观音、宝扇手观音、杨柳观音，右壁宝珠手观音、宝镜手观音、莲花手观音、如意轮观音、数珠手观音。观音有三十二化现，这些观音都是其变化身。又左壁最外侧有手捧三瓣盏的善财功德一身，俗称“善财童子”，但此处为老者形象，所捧盏中可见假山与宝珠。右壁外侧为龙女，双手覆巾，巾上置盏。二者出自不同的佛教经典，却同为观世音菩萨的胁侍，一般认为他们分别代表两种不同的修行方法，即“渐悟”与“顿悟”，善财为求佛法历经艰辛，而龙女则是瞬间成等正觉，二者也

十圣观音洞 石门山石窟第6窟（局部）

左壁造像 石门山石窟第6窟（局部）

出现于大足北山、妙高山等处的水月观音龛像中。窟门外两侧还有四身护法立像，个个身着铠甲，好不威风。

之所以修凿此窟并以“十圣观音”命名，与当地百姓所需所求密不可分。从造像题记中可以看到，功德主岑忠用发起建窟的主要原因是天旱缺雨、粮食歉收，通过修无量寿佛和十圣菩萨，祈愿风调雨顺、五谷丰登。其他功德主也表达了类似愿望，其目的不外乎祈求菩萨保佑粮食丰收、家族兴旺、宅邸平安、夫妻和睦、长寿安康等，这是普通百姓最直接也最迫切的愿望。现存洞窟修造及造像镌记中找不到供养者对西方、对往生的追求，反倒尽数是围绕对现世生活的期盼。观音像在表意层面显然占主导地位，观音显化各种形象为的就是普度众生，所以其变化身——十圣观音，也就成了信众祈愿获得美好生活的理想对象。

百姓对观音的信仰有唐以来非常盛行，相关经典流传甚广，还有诸多灵验故事和民间传说，这也使得观音形象不断被重塑，成为佛教艺术中的经典题材。隋代至中唐时期，观音形象的女性化和本土化倾向明显，整体丰盈柔美。仕女画家周昉更开水月观音之体，以此宗教偶像与文人喜爱的“水月”“竹林”“山河”等元素结合，菩萨也有怡然自在的享受之态，此体也成为晚唐、五代到宋的流行样式，无论是在西北榆林窟壁画中，还是西南大足、安岳石窟群中都可寻见踪迹。宋代观音像基本确定为女性形象，面容、身姿和装扮都愈来愈接近世俗女性。石门山此窟中的“十圣观音”无疑是宋代观音石刻造像水平的卓越代表，虽为石作观音，但面容和身体

右壁造像 石门山石窟第6窟（局部）

却有着温润的质感与细腻的肌理，身姿绰约，花冠、珠串、衣褶、持物等方面的处理上也是栩栩如生，可称冠绝一时。

值得注意的是“十圣观音”与石门山其他洞窟的关系，李凇先生考证“十圣观音”所在的第6窟与西侧第10窟“三皇洞”存在对应关系，他认为“三皇”应为“三官”，三官解三厄，是现世的管理者；而观音救八难，二者内在功能一致，这一观点为我们打开了观看此窟的新视野。宋代佛道之间的融合交流、甚至是博弈较量本就频繁，且十圣观音窟中善财功德像旁有题记“奉佛道弟子侯惟正”，表明修窟信众就有兼信佛道二教者。又两窟造像排列及洞窟结构都极为相近，在现世的身份也非常相似，只不过观音属于佛教，三官来自道教，二者应存在关联。

（张子荷）

瓜瓞绵绵

嗣息圣母诃利帝

绵绵瓜瓞，民之初生，自土沮漆。

——《诗经·大雅·绵》

诃利帝母（Hariti），也作“鬼子母”“欢喜母”，是一位能送子保胎的女神。据载诃利帝多子且性恶，常常偷盗别人的孩子杀来吃，城中人因此恶称她为“诃利帝药叉女”。佛祖为劝她从善，一次用钵将其最爱的小儿子藏了起来。诃利帝回家后，发现小儿子不见了，心急如焚。得知在佛祖处，便去找寻。佛祖现身问诃利帝：“你有500个孩子，少一个又能怎样？”诃利帝回答：“我如果今天见不到儿子，必定悲恸而亡。”佛祖随即劝道：“你这么多儿子，失去一个就自做癫狂，无法承受，更何况城中那些只有一两个儿女的人呢？”诃利帝听闻，幡然醒悟，主动受戒，皈依佛门，自此不再做恶，以后逐渐成为了妇女和儿童的保护神。

随着佛教传入，诃利帝母信仰进入中国本土。关于诃利帝母的佛教经典很多，如元魏《杂宝藏经》记载鬼子母失子缘的故事，这一故事在唐义净所译《毗奈耶杂事》卷三十一中得到详细讲述，从诃利帝母前生发恶愿，今生食人子，到如何被佛陀点化。诃利帝母的主要功能与妇女儿童有关，能保胎、护子。如《佛说鬼子母经》记载："其国中人民，无子者来求子，当与之子，自在所愿，我当敕子姓，与使随护人，不得复妄娆之。"《大药叉女欢喜母并爱子成就法》强调，诃利帝母作为儿童保护神"一切人民所生男女，我皆拥护令其安乐"。《诃利帝母真言经》指出，通过诃利帝母仪轨修持，可以满足人们对于求子、产子的祈愿，"若有女人不宜男女，或在胎中堕落断绪不收……或被鬼神作诸障难，或是宿业因缘不宜男女"等。诃利帝母信仰随着佛教经典的宣讲、传播，逐渐走进大众生活中，对民间传统文化影响渐深。唐代以来除了流行以鬼子母为主题的绘画、雕塑等美术作品外，元代还出现了像《鬼子母揭钵记》等杂剧文学作品。

大足地区宋代以来流行诃利帝母造像，分布广，数量多，目前可见的有尖山子、石门山、石篆山、北山、龙潭、老君庙等多处石刻，造作时间延续至明清。由此可见当时大足地区民间对具有"送子神"意义的诃利帝母的崇拜程度。这也正是古代农耕社会人们根据现实情况，将外来佛教经典与本土儒家社会重视后代、多子多福的传统观念相结合，以达信仰诉求的写照。

石门山第 9 龛可以说是大足石刻中最为精美的诃利帝母造像之一。龛

诃利帝母像　石门山石窟第9龛

内刻主尊、乳母、侍女、小孩等像共计十一身。主尊诃利帝母像形似南宋贵夫人，头戴凤冠，凤首残毁，双翅外展，凤冠坠有珠串，两条冠带下垂及肩，而后上飘呈U形。主尊面部轮廓柔和，神情慈爱，眼斜长，直鼻，双唇丰厚，双耳带有精美花钿耳饰。整个头部还依稀可见残存的少量金箔。肩部罩有云肩，内穿窄袖服，外罩宽领大袖。胸前系带，下垂至双足间。左手上举，手腕部残毁，右手放置右膝上。一小孩立于主尊右腿前，左手上举与主尊右手交握，右手向前，左腿站立，右腿前伸，做攀爬状。

主尊左侧刻一乳母像，怀抱小儿端坐于台上。乳母头梳圆髻，面部略残，着窄袖外服，胸口敞开，露左乳，作哺乳状。小儿仰面躺在乳母怀中，双手前伸，极为生动。乳母像右肩后侧及左侧分别刻一站立女童像和一立式孩童像。女童左手扶着乳母右肩，右手置于身前，圆脸梳髻。左侧孩童像头部已残毁，只能隐约见小儿的下半身着裤、鞋，站立于乳母身边。

主尊最右侧刻一侍女像，衣冠装饰皆精美细致，侍女头戴一冠，冠带垂直耳后，面部轮廓圆润，面容稍残，耳戴花钿耳饰，有珠串下垂至胸前。上穿宽袖长服，下着裙，身饰飘带，扬至头部左后侧崖壁上，线条极为优美流畅。侍女像前有一女童，造型与左壁女童类似，左手上举，右手抓着女像左袖摆，右腿直立，左腿抬起做攀爬状，憨态可掬。侍女像左后侧还立有小儿像两身，造型生动，前方刻一男像，戴东坡帽，双手交握于胸前，盘腿坐在低坛之上。

整龛造像刻有孩童像共七身，形态各异，或恬静站立在女性像身旁，或依偎于怀中，或做似攀爬的活泼小儿状，活脱一幅儿女环绕、母慈子孝的人间和睦家庭图卷。

中国的诃利帝母信仰在唐代时更为普及，并对其图像样式有着一定的记述。《鬼子母天传》中一般这样描述："画作天女像，金色身，着天衣，头冠璎珞，坐宝台上，垂下两足。于足两边画二孩子，傍其台立；于膝上各坐一孩子，又在怀中抱一孩子，于右手中持吉祥果。"《南海寄归内法传》中记诃利帝母"抱一儿子，于其膝下，或五或三，以表其像"。诃利帝主尊则形似天女，怀抱小儿，手中有吉祥果。如果按照此原则来看石门山诃利帝母造像，毫无疑问与经文所述并非完全一致。

石门山第 9 龛的诃利帝母外观是宋代世俗女性端庄、华贵的形象，与佛教经典中身形丰满、线条突出的天女已有很大区别。其右手手中也并无吉祥果，而左手由于手腕处残毁，原本是否有持物也无从知晓。孩童数量为七，这与诃利帝母像中小孩数量为九身的做法有别，尤其龛内出现一身成人男像，其意颇为不解。

石门山作例雕凿时期，诃利帝母在大众信仰中已经有一定转变，其在祈愿保胎、求财、夫妻关系和睦等方面渐次弱化，送子的意义则日益突显，并上升成为其主要职能。结合当地民众称其为"送子娘娘"，极为灵验，很多人都来还愿的说法，可以认为在南宋时期，大众信仰中，诃利帝母的密教性质和意义已经逐步丧失，更多满足的是世俗社会对子嗣的需求与愿望。这种情况下图像内容与样式上发生了某些变化，不再严格遵从于佛经描述，而是更注重主神世俗性质与功能的体现，诃利帝母已经从妇女儿童的保护神转变为专职保佑妇人产子的送子女神。

对繁衍的祈愿，也使得大足地区的诃利帝母造型通常十分华贵。石门山此龛，有学者指出造像的服饰是参考皇室贵妃形制。无论是头戴的宝冠、耳饰的珠链，还是身着的璎珞皆采用写实的工笔手法，一一精雕细琢。诃利帝母面容圆润、身姿典雅、体态高贵，肌肤细腻如瓷，整体华贵精美的刻画，甚至可与其他观音龛窟相比拟。龛内各孩童通常有着圆圆的头脸，胖乎乎的身形，动作顽皮可爱，神情生动伶俐，寄托着人们对孩童健康成长的美好祝愿。而经典中诃利帝母怀抱小儿的职责，则转交给身侧的乳母。乳母通常袒露衣襟，着重刻画出哺乳的场景，这一点也是实际生活的写照。

此外，诃利帝母信仰在传播过程中名称的改变，也能反映其在大众信仰中认知的变化。在义净、不空翻译前，流传的经卷多见为鬼子母，民间更多知晓的是鬼子母偷孩子而食之的恐怖形象。而义净、不空在翻译时沿用了梵文的诃利帝，并将重点放到诃利帝受戒于佛，能保护世间儿童，令其安乐的作用上。不空作为外族高僧，在翻译的时候并没有像本土译者常用归化的方式解读佛教观念，而是采取异化的音译，强调诃利帝之名，并且通过仪轨定式，强化诃利帝在护佑妇女儿童方面的多个功能。这一方式或许是为消除“鬼子母”之前在大众观念中较为负面的恶毒食子形象。

诃利帝之名虽在经典中得以流传，但在民间，她的称呼却逐渐模糊，而成为了一般世俗求子祈福的“圣母”形象。北宋元祐五年（1090）僧希昼书《严逊记》碑中，明确提到石篆山建造“圣母龛”。石篆山第 1 龛还保留清道光七年（1827）的铭文为“装彩……圣母娘……”；峰山寺的九子母龛中刻有铭文，记载宋时妇人黄氏“造圣母祈合家安乐”；张家庙的两则清代铭文有罗氏祈求“圣母早赐贵子”、王氏求“九子圣母祈保孩男易养成人”等。民国培修时还留有募建送子殿宇镌记，称“北山佛湾唐宋以来石镌佛像千万中有送子殿神像，庄严灵异自唐迄明香火之盛不亚宝顶”，这里的送子殿所指应是诃利帝母龛。

综上可见，宋以降，在诃利帝母信仰大众化的过程中，并未完全遵照佛教经典规定，而是与中国本土多子多福的观念相融合，在民间世俗诉求下成为一个掌管子嗣的女神形象。

（余尧玉竹）

千里眼与顺风耳

察奸报事

仪状甚野，怪而诘之，噤不能答。

——邓柽题石门山

千里眼与顺风耳在中国民间可谓家喻户晓，古代传说或明清小说中多有提及。最熟悉的莫过于《西游记》，其中描述猴王出世时，玉帝派遣二神将前去打探。虽然二神将在视听方面有其特殊的神通，但作为神祇加以供奉的情况并不多见，南宋时期大足石门山石窟的做法无疑是一个先例。

绍兴十七年（1147），来自大足本地一位名叫杨伯高的信士，为了纪念刚刚过世的父亲，施资在石门山开凿了一龛像，主体造像为玉皇大帝。龛内玉帝身着冕服，双手秉圭，正襟危坐，左右各有一侍者，分别持一长柄方扇。玉帝龛下方镌二神将像，立姿，侧上方分别题刻“千里眼”和“顺风耳”。二神像高达 1.7 米，与仅有 0.5 米高的玉帝像形成巨大反差。不

千里眼与顺风耳 石门山石窟第 2 龛

难看出，此龛有意突出了二神将的地位。

功德主杨氏在此龛的镌造中还特意将父亲的形象刻在龛左侧壁，现在还可以清晰地看到这位老人形象，着交领窄袖长服，右手持念珠，左手下垂，侧立于旁，一副虔诚样。

杨氏家族信奉佛道，五十年前，杨伯高的祖父就携其二子在此龛对面崖壁镌造了一龛山王像，即今天的第 13 龛（1095 年所造）。杨伯高的父亲于“丙寅绍兴十六年十月二十六日”（1146）辞世，享年八十。作为儿子的杨伯高镌玉帝二神将像，并造父亲真容，以表孝心。

崖壁上的二神将样貌古怪，滑稽可笑，体量与真人相当，筋肉感十足。

左侧千里眼正面站立，上身内着短衫，外着铠甲，腰部有革带和腰带，下身着短裤，双腿外露，膝下系带挂有铃铛；手持长矛，侧颈向右望去，颈部肌肉线条的牵拉感表现生动。人物特点主要体现在眼睛上，眉骨隆起，一双凸目圆似铜铃，能够洞彻千里之外的风吹草动。顺风耳居右侧，着衣甚少，浑身肌肉暴突，状若力士。其上身仅斜披飘带，臂钏腕镯俱有，腰中系带，下身同着短裤，裸露之处肌肉尽显，膝部系带，着足环；手中持物已残，仅可见右手握一刻有毒蛇的圆柄。人物耳廓宽大，嘴角斜提，仿佛正在听取来自远方的声音。

二神将在艺术手法上，无论是站立的姿态还是肌肉的张力都与佛教中的天王力士相类。佛教在中国被称为“象教”，造像艺术在其传播过程中作用重大，可谓“以象设教”。道教则不同，早期并不主张造像，《老子》云：“道至尊，微而隐，无状貌形像也，但可从其诫，不可见知也。”南朝仍有“佛堂有像，道堂无像”之言。不过随着佛教在中国的发展，佛道之争也随之产生，为吸引信众、扩大影响力，道教造像开始出现。在造像艺术方面，道教神仙有其自身特点，但也不免参照佛教已经成熟的造像模式，所以二神将的形象借鉴佛教天王力士是有可能的。

现存隋唐两宋文献中千里眼、顺风耳的相关资料甚少，最早的描述见于明代小说之中，可猜想当时二者在民间已流传较广，而其与玉皇大帝的关系问题则难以求证，究竟是民间已有的传说和认识，还是作家的演绎和杜撰？西南地区残存的清代《泰山仪》中对千里眼和顺风耳有提及，认为二者为五岳部属，与玉皇大帝并无直接关系。玉皇大帝全称昊天金阙至尊玉皇大帝，与中天紫微北极大帝、勾陈上宫南极天皇大帝、承天效法后土皇地祇并称道教天神“四御”，仅次于居三清境界的元始天尊、灵宝天尊和道德天尊三位尊神。玉皇大帝作为四御之首，是宇宙本原“道”的执行者，在民间崇信度颇高。其名最早见于南朝，隋唐之后玉皇大帝信仰盛行，特别是到了宋代，统治者屡次加封玉皇大帝尊号，民间也多为其兴修庙观。南宋时期，道教信仰体系已趋完备，“三清”“六御”的神灵观完全确立，玉皇大帝信仰尤为突出。除石门山外，大足南山三清古洞、舒成岩等处也有相关遗迹，但未见千里眼、顺风耳二神将。从此壁面关系来看，二神将占据了壁面最佳位置，体量较大，是否与玉帝龛可以看作同一组造像尚有一丝疑虑。不过这并不影响我们对二神将出现在石窟寺内意义的考察。

石门山造像佛道糅杂，是宋代以来三教融合思想在宗教信仰上的反映，同时也是民间多神崇拜的历史体现。宋代佛教和道教在走向世俗化，而儒家日趋神圣化，民间信仰中泛神论的倾向对三教影响颇深。普通信众见佛就拜、遇仙即求，仙、佛的界限十分模糊。可以看到，在中国民间信仰主导下的神祠、寺庙，往往具有“大杂烩”的特点，各路神仙与佛、菩萨都可“和谐共处”。

（张子荷）

九皇威仪

道教主神体系

龙穴潜幽通海潮，璇宫突兀插云霄；
三千世界诸天近，百二山河故国遥。
——（宋）吕元锡《南山留题》

南山石窟位于大足城区南约二公里的南山之巅。南山，古称广华山，山上常年竹木葱蓊，风景幽丽，素有“南山翠屏”的美誉。

南山石窟营建于南宋绍兴元年至二十一年间（1131—1151），其间川东地区正是道教信仰最为兴盛的时期，出现大量道教或佛道合祀性质的石窟寺。南山石窟便是一处完全的道教石窟寺，与北山“一佛一道”隔城而望。

南山石窟规模不大，宋代镌有三清古洞、后土圣母龛、龙洞等，明正德间施主王伯福开龛造立真武一尊。除了造

三清古洞 南山石窟第 5 窟

像外，南山还留有诸多历代官员、文人、游客即兴所题诗文、游记等。像淳祐七年（1247）题《何光震饯郡守王梦应记》，里面描述了宋蒙战争以来大足官吏“存者转徙，仕者退缩”“环千里荆榛”的寥落状况。清代时期更有官员、文人墨客于此留题书作，像大足知县张澍、王德嘉等墨迹，成为后世临摹的典范。在中国道教石窟寺中，南山石窟拥有宋代时期雕刻最精美、神系最完备的造像群，是研究道教史和道教造像艺术珍贵的实物资料。

三清古洞是南山石窟的核心，规模最大。这是一座西南地区少见的中心柱式窟，可绕行，窟顶平整，敞口，中心柱前立两根石柱，柱身各一条蟠龙，昂首对望，神气十足。中心柱呈方体，正面开龛，分两层造道教“三清六御”主神体系。龛楣中央刻“三清古洞”四字，左右各一只白鹤展翅相对。两侧龛沿纵向各开四小龛，上面三龛内各立一侍者，手执笏板、书册等；最下层一龛内立二侍者，一高一低站立，手执剑、经册类物。下方龛沿雕刻纹样，分两层，上层一排六个矩形，内套叠菱形，菱形内刻花朵图案；下层一排为平行状竖条棱。

“三清”即道教中三位最高等级的神祇，分别是元始、道君和老君三位天尊。南宋西蜀道士吕元素集成的《道门定制》中言，元始天尊以“一气化生三才”，于龙汉初劫，说洞真之道，开化人天，为万道之祖；道君又称“灵宝天尊”，受教于元始，讲说洞玄之道开度众生；老君又称“道德天尊”“降生天尊”等，受元始教命降生商周开导众生。

龛内上部正壁为三清像，一排并坐于“工”字形束腰方座，元始天尊居中，左右分别为道君与老君二尊。三尊神面貌清隽，下颌续须，头戴莲冠，身着对襟袍，背有火焰纹背光和头光，头顶华盖（已毁），其中元始天尊头顶部呈V字形化处四道光带飘向龛外。三尊左右各立一侍者，手执笏板。

左右壁分别为一帝王装束人物，倚坐龙头椅，脚踩踏几。左壁人物头戴冕冠，鬓垂充耳，脸型圆长，眼眉呈倒八字形上扬，下颌续一绺胡须；着圆领袍服，胸部系带束蔽膝，双手秉圭，顶悬华盖；左右侍立二胁侍，戴翘脚幞头，着圆领窄袖袍服，执长柄团扇。右壁人物内着交领广袖袍服，系蔽膝，外披对襟道袍，双手秉圭，顶悬华盖。此像头部后期做过修补，试图改为冕冠，但只加了一个冕板，其余结构未补上，显得不伦不类。左右侍立二胁侍，执长柄扇，皆戴束发冠，圆领宽袖袍服，胸前系蔽膝，顶有华盖，二胁侍执长柄团扇侍立左右。龛外侧上部各一天神物驾云飞行，云朵图案宛若花卉，雕刻十分精美。

龛下层壁面左右开小浅龛，内雕各一身童子侍者像，现仅存右侧像，左侧不存。壁面中央刻一供案，敷垂帷布，供案前侧正面刻四身世俗装人物，手执贡品。根据题记得知是该洞功德主何正言夫妇与当时募捐组织者张全一夫妇。其中何正言及其家人佛道俱信，除施资造立三清洞外，还在大足菩萨岩镌刻了地藏与引路菩萨等。

供案左右各一身帝王装束人物，面对而坐，形象特征与上层二神相同。二人物外侧分别为一身皇后装束人物，梳高髻，插步摇，戴凤冠。鹅蛋脸，丹凤眼，樱桃口，戴珠串耳饰，披云肩，外着翻领宽袖长服，下着裙，臂间刻出半臂，束蔽膝。霞帔敷搭双肩，长垂体侧。双手捧巾，巾上置物（物毁）。足踏几，倚坐于龙首靠背椅上。身侧立一身女侍者，手执

三清六御像 南山石窟第5窟（局部）

长柄拂尘。

这四位帝王式人物和二位女神即是道教中的“六御”，又称为“四帝二后”。按照左尊右卑的惯例排位，“四帝”即上部的玉皇大帝和圣祖，下部的北极大帝和天皇大帝，“二后”为后土和圣祖母。玉皇大帝是中国百姓家喻户晓的天帝，一副人间帝王形象，在道教造像中多单独供奉，数量最多。北极大帝与天皇大帝均为“星神”。后土，又称“后土皇地祇”，是大地之神，与上帝合为天父地母。其中的“圣祖”和“圣祖母”是赵宋皇帝祖先，后来添加的。

道教由最初的“四御”崇拜演变为“六御”崇拜，始于宋真宗时期（997—1022）。真宗比较迷信，在宰相王钦若的策划下常以天书、感梦等符瑞之事蛊惑朝野。大中祥符五年（1012），真宗忽梦天尊降临，被告知“赵之始祖”（赵玄郎）是“人皇九人中一人”，母亲因感梦天人而生。于是建景灵宫、太极观以奉“圣祖”和“圣祖母”，随后逐步将二先祖并入道教神祇行列，并纳入国家宗教祭祀体系。如学者景安宁所认为，“六御”神系反映的是中国传统的天地崇拜（玉皇大帝和后土）、天帝崇拜（天皇大帝和北极大帝）以及祖先崇拜（圣祖和圣祖母）。“三清六御”在道教中统称为“九皇”。

中心柱左侧面浮雕天帝出行图，众神乘祥云徐缓而行，天帝行走于队伍中央，有前导、后随，华盖、幢幡、旗帜临风招展，甚是浩荡。队伍下方是一条翻腾蛟龙，左前爪攥一火焰珠；龙首处立一人执香炉祈祷迎请状。

窟左右壁前端各刻六圆环，纵向排列，内雕刻十二宫神。十二宫，又称黄道十二宫，属于古代天文星占学概念。最初发源于古巴比伦，完成于希腊，后由希腊传至印度，波及欧亚。从地球上看，太阳慢慢在星空背景上移动，一年正好移动一圈，这一圆圈就是“黄道”。星占学家将黄道均分为十二个区域，每个区域内有一个星座，即白羊座、金牛座、双子座、巨蟹座、狮子座、室女座、天秤座、天蝎座、人马座、摩羯座、宝瓶座和双鱼座。这些星座的位置也被认为是太阳神阿波罗休息之所，故又名之以宫殿，于是有了“十二宫”，星座又称之“宫神”。

三清洞两壁六个圆环内分别镌刻人、动物、花瓶等，其中左壁为“双鱼”（双鱼宫）、“绵羊”（白羊宫）、“牛”（金牛宫）、“二人”（双子宫）、“螃蟹”（巨蟹宫）、“狮子”（狮子宫），右壁为“二女”（室女宫）、“称”（天秤宫）、“蝎子”（天蝎宫）、“人牵马”（人马宫）、“一人秉笏板”（摩羯宫）、“花瓶”（宝瓶宫）。十二宫也对应中国二十四节气，只是前者用于星占学，后者用于农业生产。

两壁其余空间及后壁一部分壁面全部镌诸天尊像，分六排，左侧共存一百五十一身，右侧存八十八身（内侧壁毁）。

三清古洞造像保存了完整的宋代道教神祇体系，在中国道教石窟艺术中堪称孤例，为今天研究道教神系的发展演变提供了可贵的实物例证。

（米德昉）